WESTEND

AF833149

KATJA GENTINETTA
NIKO PAECH

WACHSTUM?

Herausgegeben von
Lea Mara Eßer

WESTEND

Mehr über unsere Autor:innen und Bücher:
www.westendverlag.de

Die Deutsche Nationalbibliothek verzeichnet diese Publikation in der Deutschen Nationalbibliografie; detaillierte bibliografische Daten sind im Internet über http://dnb.d-nb.de abrufbar.

Das Werk einschließlich aller seiner Teile ist urheberrechtlich geschützt. Jede Verwertung ist ohne Zustimmung des Verlags unzulässig. Das gilt insbesondere für Vervielfältigungen, Übersetzungen, Mikroverfilmungen und die Einspeicherung und Verarbeitung in elektronischen Systemen.

FSC® www.fsc.org
MIX
Papier aus verantwortungsvollen Quellen
FSC® C083411

ISBN 978-3-86489-350-6
© Westend Verlag GmbH, Frankfurt/Main 2022
Motiv: Westend Verlag GmbH, Frankfurt am Main
Umschlag: Buchgut, Berlin
Satz: Publikations Atelier, Dreieich
Druck und Bindung: CPI – Clausen & Bosse, Leck
Printed in Germany

Inhalt

Wir fangen etwas an; wir schlagen unseren Faden in ein Netz der Beziehungen. Was daraus wird, wissen wir nie. [...] Das gilt für alles Handeln. Einfach ganz konkret, weil man es nicht wissen kann. Das ist ein Wagnis. Und nun würde ich sagen, dass dieses Wagnis nur möglich ist im Vertrauen auf die Menschen. Das heißt, in einem – schwer genau zu fassenden, aber grundsätzlichen – Vertrauen auf das Menschliche aller Menschen. Anders könnte man es nicht.

Hannah Arendt

Vorbemerkungen

Dies ist der Versuch, Sie in die Frage zu verführen. Das Bild der Schlange, das Sie auf dem Titel sehen, ist keineswegs Zufall: In der Genesis ist *sie* es, die die Frage in die Welt bringt, die dazu verführt, das Selbstverständliche zu prüfen, dazu, sich ein ganz eigenes Urteil zu bilden. Auf diesem Weg bringt sie zugleich die Gefahr dieses Fragens in die Welt, denn zu fragen heißt immer, dem allzu Selbstverständlichen seine vermeintliche Alternativlosigkeit – und somit die darin liegende trügerische Sicherheit – zu nehmen.

Die Reihe *Streitfragen* stellt umstrittene Themen und Debatten zur Diskussion. Sie möchte Lust am Selberdenken und dem Entwerfen einer eigenen Position wecken wie auch das offene Gespräch verteidigen. Es ist ein großes Gut und Zeichen von Freiheit, dass es andere Standpunkte gibt, die den eigenen in Frage stellen. Nur so können Gedanken sich formen und umformen, nur so kann Neues entstehen, kann Gesellschaft wachsen und sich entwickeln.

Woran es unserer Zeit nicht mangelt, sind Formate des Streits, die in Lager einteilen und Kontrahenten in die Arena treten lassen. Diese Art der Debatte befördert eine Vertiefung und Verfestigung nicht mehr übertretbarer Frontlinien, sie zieht diese sogar oftmals erst. Auf diese Weise wird zur Linie verkürzt, was Gesellschaft und Öffentlichkeit einzig ermöglicht, nämlich der *gemeinsame Raum* des Gesprächs. Eine vielstimmige Gesellschaft ist aber weder selbstverständlich noch natürlich, sie bildet sich einzig im Dialog und endet, sobald ein solcher nicht mehr möglich ist, sobald es nur noch darum geht, den anderen mit allen Mitteln zu übertrumpfen, sobald Debatte zum Wettkampfspektakel verkommt.

Diese Reihe möchte dem entgegenwirken. Bei dem hier ausgetragenen Streit soll es nicht um Angriff und Verteidigung gehen, sondern darum, beiden Betrachtungsweisen ausreichend Platz zur Entfaltung zu lassen. Aus diesem Grund werden beide Beiträge ohne Kenntnis des jeweils anderen verfasst, und damit ohne dem (unterschwelligen) Zwang zu unterliegen, sich für seine eigene Position rechtfertigen zu müssen.

Nach der Lektüre sollen sich beide Standpunkte erheben wie die Teile eines Vorhangs und so den Platz eröffnen, der *Ihren* Gedanken, *Ihrer* Meinung zukommt. Der so entstehende Zwischenraum für eine eigene Sichtweise ist es, der eine lebendige Gesellschaft hervorbringt: die Leerstelle, die offene Frage, die auffordert zu Austausch, Diskussion und Überprüfung der eigenen Überzeugungen.

Lea Mara Eßer, Frankfurt am Main 2022

Katja Gentinetta: Wachstum heißt Entwicklung

Einleitung

Die größte Angelegenheit des Menschen ist, zu wissen, wie er seine Stelle in der Schöpfung gehörig erfülle und recht verstehe, was man sein muss, um ein Mensch zu sein.

Immanuel Kant

Wozu sind wir auf dieser Welt? Was macht uns glücklich? Und wie können wir unser Leben verbessern? Seit jeher will der Mensch mehr als nur überleben. Er will ein gutes und wenn immer möglich besseres Leben führen.

Die antike eudämonistische Ethik lehrt uns, dass das letzte Ziel des menschlichen Lebens, ja das gute Leben schlechthin, darin besteht, ein tugendhaftes Leben zu führen. Nach Aristoteles bedeutet dies, die uns Menschen einzigartigen Fähigkeiten bestmöglich zu nutzen. Menschliches Handeln ist Streben (*orexis*), und dieses Streben richtet sich nach dem höchsten Gut: der Glückseligkeit. Diese reicht weit über subjektive Glücksmomente hinaus. Nur wenn der Mensch seine spezifischen und seiner Natur entsprechenden Fähigkeiten – die Sprache, den Geist – einsetzt, um sich und sein Leben zu verbessern, vermag er die Glückseligkeit zu erlangen. Erst mit dem Gebrauch seines Verstandes gelingt dem Menschen seine Vollendung.

Ein gelingendes Leben – das lehrt uns nicht nur die Ethik, sondern auch unsere eigene Erfahrung – besteht im Wesentlichen darin, dass wir uns entsprechend unseren Möglichkeiten entfalten können, unseren Geist einsetzen und unsere Talente nutzen können, um für uns und für andere ein besseres Leben zu schaffen.

Die *orexis*, das Strebevermögen, attestiert Aristoteles allen Lebewesen. Aber nur beim Menschen geht es diese einzigartig fruchtbare Verbindung mit dem Verstand ein, woraus einerseits die Klugheit (*phronesis*) und andererseits die Kunstfertigkeit (*techne*) erwächst. Vernunft und Innovation sind es demnach, die unsere geistigen Fähigkeiten auszeichnen. Ihnen ist jener Fortschritt zu verdanken, der die Entwicklung und Erweiterung der Medizin, die Überwindung von Armut und Hunger, die Entdeckung der Welt, die Kommunikation über den ganzen Globus und vieles mehr umfasst. Die stete Steigerung des Lebensstandards gibt uns außerdem mehr Raum und Zeit, unsere geistigen Möglichkeiten auszuschöpfen und unserem Leben einen Sinn zu verleihen. Diese Entwicklung ist ohne wirtschaftliches Wachstum nicht denkbar. Unser Streben nach einem besseren Leben treibt das Wachstum an, denn Wachstum bedeutet Entwicklung. Das wirtschaftliche Wachstum, das erst mit der Industrialisierung begann, setzte eine beispiellose technologische und gesellschaftliche Entwicklung in Gang, die zu einer bis dato ungekannten Verbesserung des Lebensstandards breiter Bevölkerungsschichten führte. Elektrizität, fließendes Wasser, Schutz vor Wind und Wetter, aber auch Arbeitsteilung, Bildung und Ausbildung, Rechtsgleichheit – das alles und noch viel mehr zeugen von dieser Entwicklung. Sie belegen unmissverständlich, dass das Wirtschaftswachstum auf das Leben der Menschen eine ungeahnte, hinsichtlich ihrer Dimension und Qualität nicht bestreitbare positive Auswirkung hatte und auch weiterhin haben wird.

Das bedeutet jedoch nicht, dass das Wirtschaftswachstum nicht auch problematische Nebenwirkungen zeitigt, die behoben werden müssen. Hingegen sind weiteres wirtschaftliches Wachstum und technologische Entwicklung – beide Ausflüsse des menschlichen Geistes – überhaupt erst die Voraussetzung dafür, die entstandenen Schäden zu beheben und weitere zu vermeiden. Wachstum bedeutet Fortschritt und Entwicklung; es baut auf den Leistungen der Vergangenheit und setzt auf die Potenziale der Zukunft.

Wer das Wirtschaftswachstum kritisiert oder ablehnt, miss- oder verachtet diese Entwicklung. Die gängige Wachstumskritik verweist einzig auf dessen schädliche Nebenwirkungen, womit sie, durchaus beabsichtigt, das Wirtschaftswachstum als Ganzes diskreditiert. Ob Umweltschäden oder Klimawandel, Ungleichheit oder Stress, Kriege und Waffen oder Terror und Flucht: Diese und zahlreiche weitere Phänomene und Ereignisse werden als Beweise dafür angeführt, dass das Wirtschaftswachstum der Natur und dem Menschen schadet und folglich gestoppt, ja rückgängig gemacht werden muss.

Indem Wachstumskritiker bisherige Errungenschaften, oft sogar deren bloßes Vorhandensein, unerwähnt lassen, ignorieren sie letztlich jene Grundlage, von der aus ihre Kritik überhaupt erst formulierbar ist. Um es in Anlehnung an Ernst-Wolfgang Böckenförde zu sagen: Die Wachstumskritik lebt von Voraussetzungen, die sie selbst nicht garantieren kann. Wer Verzicht predigt, kann dies nur aus der Warte der Saturiertheit tun, die ihrerseits ein Resultat des Wachstums ist. Und wer Wachstumskritik als Forderung nach ausschließlich »grünem« oder »nachhaltigem« Wachstum artikuliert, unterschlägt, dass dies ebenfalls Wachstum bedeutet und mehr noch: wirtschaftliches Wachstum bedingt. Gerade der Kapitalismus hat sich diesbezüglich als lernfähig und auch lernwillig erwiesen.

Wer das Wirtschaftswachstum anhalten oder gar verbieten will, beraubt all jene Menschen, die noch nicht über einen dem unseren vergleichbaren Lebensstandard verfügen, sämtlicher weiteren Entwicklungsschritte. Er entzieht ihnen damit nicht nur existenzielle Sicherheiten und alltägliche Annehmlichkeiten, sondern auch elementare Lebenschancen: die Möglichkeit, ein im aristotelischen Sinne gutes Leben zu führen und die eigenen Fähigkeiten und Möglichkeiten zur Entfaltung zu bringen. Wachstumskritik ist im globalen Kontext gesehen – und jeder andere Kontext muss heute als unvollständig gelten – ein Wohlstandsphänomen. Nullwachstum ist etwas für jene, die schon alles haben.

Das Hauptargument, das ich im vorliegenden Essay ausführen möchte, lautet, dass sich wirtschaftliches Wachstum in erster Linie in einer für den Menschen positiven Entwicklung niederschlägt: einer Entwicklung, die seinen geistigen Fähigkeiten und Möglichkeiten gerecht wird. Dies lässt sich anhand zahlreicher Fakten dokumentieren. Es bedeutet jedoch nicht, dass die problematische Seite des Wachstums – Ressourcenverbrauch, Umweltschäden, Überkonsum und Klimawandel – ignoriert oder gar geleugnet werden. Allerdings, so werde ich zeigen, können diese Probleme nur durch die Fortführung des Wirtschaftswachstums – und gerade nicht durch dessen Unterbindung – gelöst werden.

Dieses Paradox ist es, das ich als »Dialektik des Wachstums« bezeichne. Es ist der Eigenlogik der Ökonomie eingeschrieben. Ihre treibende Kraft ist die stete Effizienzsteigerung, und zwar wo immer möglich über Einsparungen und Reduktion von Ressourcen. Der Ursprung dieser treibenden Kraft liegt nirgends anders als im menschlichen Geist: Es ist das aristotelische Streben, der Wille, nicht nur zu überleben, sondern ein gutes, angenehmes Leben zu führen. Dafür setzt der Mensch seine Fähigkeiten ein und nutzt die ihm zur Verfügung stehenden Möglichkeiten. Die Ressourcen der Natur mögen begrenzt sein, dem menschlichen Geist hingegen sind keine Grenzen gesetzt.

Wer sich dieser Einsicht verweigert und die positiven Seiten des Wachstums ignoriert, kann nur von einer Ideologie geleitet sein – von Hannah Arendt definiert als jenes Denken, das sich »unabhängig von aller Erfahrung [...] von der Wirklichkeit [emanzipiert] und [...] ihr gegenüber auf einer ›eigentlicheren Realität‹«[1] beruht.

Auch deshalb kommt kaum eine Wachstumskritik ohne jene marxistische Grundmelodie aus, die im Kapitalismus den Ursprung sämtlichen weltlichen Übels sieht und diesen folglich überwinden will. Diese Sichtweise beruht jedoch auf einer Reihe von Grundirrtümern, die die Debatte über die Wirtschaft und das Wachstum bis heute auf eine verhängnisvolle Weise prägen und eine konstruktive, an der Realität orientierte Diskussion verunmöglichen: Weder ist die Wirtschaft ein Nullsummenspiel, noch ist der Kapitalismus der größte Umweltsünder, den die Welt je gesehen hat. Zudem bedeutet die Alternative zu Wachstum nicht Stabilität, sondern Rückschritt und Elend. Unter Missachtung dieser Tatsachen erweist sich die Utopie der wachstumsfreien Gesellschaft als eine Verheißung, die sich als Dystopie entpuppt.

Der vorliegende Essay versteht sich als Plädoyer für Wirtschaft und Wachstum, für Fortschritt und Entwicklung, für Kapitalismus und Freiheit – nicht um der Wirtschaft und des Wachstums willen, sondern in Entsprechung zum menschlichen Streben nach Freiheit und Entfaltung. Damit ich nicht falsch verstanden werde: Wer immer – ganz persönlich – dem Wachstum entsagen will, soll die Freiheit haben, dies zu tun. Wer weniger konsumieren, auf Reisen und Mobilität verzichten, Gebrauchsgüter tauschen und teilen, kaputte oder veraltete Instrumente reparieren und renovieren will, sein Gemüse selbst anbauen und ernten möchte, soll nicht daran gehindert werden. Wer ein derartiges Verhalten jedoch von anderen verlangt oder es gar im globalen Maßstab durchsetzen will, ist nicht nur fortschrittsfeindlich und ignorant, sondern vor allem zynisch und arrogant gegenüber all jenen Menschen, die sich ein besseres Leben wünschen und hart dafür arbeiten. Sie sollen genauso wie wir die Möglichkeit haben, zu wachsen – mit ihrer Wirtschaft und an sich selbst. Weiteres Wachstum bedeutet nicht, den Reichtum einiger weniger zu steigern und die Erde weiter auszubeuten, sondern die Lebensqualität von

Millionen von Menschen zu verbessern und unser aller Lebensgrundlage zu erhalten.

I Eine kleine Dialektik des Wachstums

In ihrem Kern ist die Ökonomie die Lehre vom haushälterischen Umgang mit Knappheit. Eine der ersten Beschreibungen dieser Einsicht stammt aus dem vierten vorchristlichen Jahrhundert von dem Sokrates-Schüler Xenophon. In seinem Dialog *Oikonomikos* (was nichts anderes als »Hauswirtschaft« heißt) entwirft er das Bild eines tugendhaften Hausherrn, der darauf bedacht ist, die natürlichen Ressourcen seines Besitzes, wozu alles zählt, was dem eigentlichen Lebensunterhalt dient, möglichst klug und also effizient zu nutzen, um sich nicht seiner eigenen Lebensgrundlage zu berauben. Weder Verschwendung noch Überfluss sollten herrschen, denn beides wäre unökonomisch. Überschüsse hingegen, die durch umsichtiges Haushalten zustande kommen, sollten in Haus und Hof investiert werden. Ziel des guten Haushaltens war die Selbstversorgung, die Autarkie.

Diese Form der Subsistenzwirtschaft, wie sie gerade von Wachstumskritikern idealisiert und postuliert wird, war bis zur Industrialisierung die Regel. Ihre vorherrschende ökonomische Einheit war der Haushalt oder der Hof. Die Rollen darin waren klar verteilt: Der Hausherr oder Fürst hatte als Oberhaupt die Führung inne; seine Familie lebte von den Erzeugnissen der eigenen Ländereien, die von leibeigenen Bauern bewirtschaftet wurden. Herr und Knecht waren durch wechselseitige Verantwortung und Abhängigkeit aneinandergebunden; soziale Mobilität oder überhaupt die Verfolgung eines eigenständigen Lebensplans waren in dieser sozialen Einheit nicht vorgesehen. Herrschte Hunger, dezimierte sich die Bevölkerung, oder es wurden fremde Ländereien erobert, um auf deren Ressourcen zuzugreifen.

Allein auf Basis dieser Realität ist die Theorie von Thomas Robert Malthus zu verstehen. In seinem 1798 erschienenen *Essay on the Principle of Population* vertrat er die in der Geschichte der Ökonomie einzigartige – weil falsche – Auffassung, dass das Bevölkerungswachstum die Menschen stets auf ihr Existenzminimum zurückwerfen werde. Weil das verfügbare Land begrenzt sei, sinke mit zunehmender Nutzung dessen landwirtschaftlicher Ertrag, der zudem auf mehr Menschen aufgeteilt werden müsse. Diese Knappheit führe entweder zu Hunger oder Krieg, oder sie erhöhe das Heiratsalter und die sexuelle Abstinenz, wodurch die Bevölkerungszahl in der Folge abnehme. Erst wenn das Existenzminimum wieder gesichert sei, könne die Bevölkerung vorübergehend wieder wachsen – bis die Knappheit sie erneut reduziert.

Diese Theorie – eine Vorläuferin der heutigen Nullwachstumsideologie – rief umgehend Kritiker auf den Plan. Angesichts des bereits damals einsetzenden Bevölkerungswachstums wurde Malthus vorgeworfen, reaktionär und unaufgeklärt zu sein. Zwar ließ sich Darwin in seinen Naturbeobachtungen von Malthus inspirieren, besteht doch der Kern seiner Evolutionstheorie darin, dass die Entwicklung der Lebewesen eine stete Anpassung an die Umweltbedingungen darstellt, um natürliche Grenzen zu überwinden. Damit aber stellte er auch fest, dass Grenzen eine relative Größe sind.

So sehr sich Malthus täuschte: Spuren seiner Überlegungen finden sich in jeder Wachstumskritik wieder – auch in jenem Werk, das die Kritiker bis heute beflügelt: dem Bericht des Club of Rome über die *Grenzen des Wachstums*.[2] 1972 veröffentlicht, begründete er die moderne Umweltbewegung. Die Studie, die von einer Gruppe von MIT-Forschern unter der Leitung von Donella und Dennis Meadows durchgeführt wurde, konstatierte in fünf für das menschliche Leben auf dem Globus relevanten Bereichen – Bevölkerung, Nahrungsmittelproduktion, Industrialisierung, Umweltverschmutzung, Verbrauch nicht erneuerbarer Ressourcen – ein exponentielles Wachstum. Dieses werde jedoch, so die Autoren, im Gegensatz zur weit verbreiteten Vorstellung eines linearen Wachstums kaum wahrgenommen. Umso wichtiger sei deshalb die Erkenntnis, dass dieses Wachstum in einer endlichen Welt an eine Grenze stoßen müsse.

Basierend auf Modellrechnungen und Extrapolationen machten das Ehepaar Meadows und seine Kollegen sehr spezifische Vorschläge, wie das unbegrenzte Wachstum gebremst und die Erde mitsamt der Menschheit gerettet werden könnten. Zu den vorgeschlagenen Maßnahmen gehören die praktikablen und bis heute gültigen Anregungen für eine nachhaltigere Landwirtschaft und Wirtschaft, die das Recycling, eine verbesserte Abfallbewirtschaftung, die Nutzung erneuerbarer Ressourcen und auch eine Kreislaufökonomie beinhalteten. Andere Vorschläge werden jedoch kaum mehr zitiert. So sollte das Bevölkerungswachstum durch eine Anpassung der Geburtenrate an die Sterberate ab dem Jahr 1975 gebremst werden; ein Stopp des Kapitalwachstums per 1990 sollte das Wirtschaftswachstum unterbinden; der Ressourcenverbrauch und die Emissionen sollten auf ein Viertel des Jahres 1970 gedrückt werden – begleitet durch eine Lebensweise, die Bildung, Erziehung und Gesundheit gegenüber materiellen Gütern präferiert. Der Ruf nach Verzicht ist also nicht neu.

Einmal abgesehen davon, dass schwer vorstellbar ist, wie man die Geburtenrate einer Gesellschaft ohne empfindliche Eingriffe in sehr persönliche Entscheidungen regeln will, lagen die Autoren in der Schilderung der Umwelteffekte nicht ganz falsch; die Problematik des exponentiellen Wachstums hatten sie durchaus erkannt. Das eigentlich Erstaunliche ihrer Analyse liegt jedoch darin, dass sie in ihren Prognosen die Kreativität des Menschen und seine darauf beruhenden Anpassungsleistungen völlig vernachlässigten. Sie konnten sich offenbar nicht vorstellen, dass das weitere Wirtschaftswachstum und die damit einhergehende technologische Entwicklung nicht nur den

Lebensstandard verbessern, sondern gleichzeitig einen schonenderen Umgang mit der Umwelt hervorbringen würden. Genau diese Effekte – mehr Wohlstand *und* eine fortschreitende gesellschaftliche wie technische Entwicklung – aber machen den Kern des Wachstums aus.

Das Leben wird besser

Xenophon hinterließ nicht nur seine betriebswirtschaftliche Schrift über den Hausherrn, sondern auch ein eher volkswirtschaftlich ausgerichtetes Werk: *Poroi*, was mit »Mittel«, »Abgaben«, »Steuereinkünfte« oder auch »Auswege« übersetzt werden kann. Sämtliche Möglichkeiten sind stimmig, denn in dieser Schrift sucht der Athener nach Lösungen für das Finanzdesaster seiner Stadt, das sie sich durch einen verlorenen Krieg gegen ehemalige Bundesgenossen eingebrockt hatte. Wegfallende Steuereinnahmen konnten, wie die Niederlage schmerzlich vor Augen führte, nicht mehr wie bisher über Eroberungen und Plünderungen kompensiert werden.

Xenophon sah den »Ausweg« allein im friedlichen Handel, und er forderte – wie sein Lehrer Sokrates in geistigen Dingen –, die eigenen Potenziale besser auszuschöpfen. Der fruchtbare Boden, das gute Klima und die Silberminen: Sie alle seien beste Voraussetzungen für eine prosperierende Wirtschaft, sofern die Stadtbevölkerung, aber auch die Zugewanderten und Händler zum Arbeiten animiert würden. Wenn Athen, so argumentierte er, auf einen transparenten Staatshaushalt, eine gerechtere Verteilung der Gewinne, einen angenehmen Umgang mit Arbeitskräften und Handelspartnern und auf Gastfreundschaft achte, könne die Leistung aller gesteigert werden. Das erhöhe das Handelsvolumen und damit auch die Steuereinnahmen. Der ökonomische Denker zog sogar staatliche Subventionen in Betracht: damals in Form von (für heutige Verhältnisse freilich undenkbaren) staatseigenen Sklaven, die an Privatleute und Bergwerke vermietet werden könnten, um deren Produktion zu steigern.

Damit hatte Xenophon die Gesetzmäßigkeiten und Vorzüge des wirtschaftlichen Wachstums in ihrem Kern bereits erkannt: Nutzung der vorhandenen Ressourcen und Leistungsbereitschaft seitens der wirtschaftlichen Akteure; Handel und Austausch mit anderen Märkten; Steuersubstrat zugunsten einer transparenten und gemeinwohlorientierten Wirtschafts-, Sozial- und Kulturpolitik.

Auch Adam Smith, der Begründer der neuzeitlichen Ökonomie, benutzte das Zusammenspiel von Stadt und Land via Handel sowie den Wert der geleisteten Arbeit, um die Voraussetzungen für Wachstum und Wohlstand zu erklären. In seinem 1776 – dem Jahr der Amerikanischen Revolution, die sich nicht zuletzt an fiskalischen Streitigkeiten entzündet hatte – erschienenen *Wohlstand der Nationen* schildert er, wie das Umland eine Stadt mit Nahrungsmitteln und Rohstoffen für das Gewerbe versorgt, während dieses seine Erzeugnisse an die Landbevölkerung liefert, was dort wiederum zur Produktionssteigerung in der Landwirtschaft eingesetzt werden kann. Die auf diese Weise entstehende Arbeitsteilung führt zu einer weitergehenden Spezialisierung, was zu einem wirtschaftlichen Wachstum in sämtlichen beteiligten Betrieben führt und den Wohlstand der Bevölkerung steigert.

Werden Städter reich, so beobachtet Smith, neigen sie in der Folge dazu, Landgüter im Umland zu kaufen und ihre gewerbliche Produktion dort auf effizientere Weise fortzuführen. Dies wiederum ermöglicht einem Teil der Landbevölkerung, in höher qualifizierte, produktivere und damit besser bezahlte Tätigkeiten zu wechseln, womit sich auch ihr Lebensstandard erhöht. Sie sind nicht mehr, wie noch in Zeiten des Feudalismus, als Leibeigene von ihrem Lehnsherrn abhängig. Vielmehr ermöglichen ihnen die Landbesitzer, ihren Lebensunterhalt durch Lohnarbeit oder Gewerbe selbst zu verdienen, wodurch sie freier und unabhängiger werden. Diese Entwicklung befördert nicht zuletzt – zum Schutz des Eigentums – die Ausbildung eines Rechtswesens, das alle vor staatlicher Willkür schützt. Es sei diese Entwicklung, so Smith, die den »Anstoß zum wirtschaftlichen Aufschwung und gesellschaftlichen Fortschritt aller« gibt.[3]

Dieses Zusammenspiel von Wirtschaftswachstum, Arbeitsteilung, Einkommenssteigerung und höherem Lebensstandard ist offenkundig. Bis heute korreliert das Bruttoinlandsprodukt (BIP), das die Summe aller jährlichen Einkünfte eines Landes darstellt, positiv mit dem Wohlstand der Volkswirtschaften, ihrer Rechtssicherheit und auch dem Wohlbefinden ihrer Bevölkerung.

Resultat dieser wachstumsbedingten Entwicklung ist ein zusehends angenehmeres Leben. Gemessen an ursprünglichen Überlebensnöten und angesichts der zivilisatorischen Errungenschaften, zu denen die sichere Versorgung mit Wasser, Strom und Nahrungsmitteln gehört, kann »angenehm« durchaus als »menschenwürdig« verstanden werden. Hans Rosling erzählt in seinem Buch *Factfulness* die rührende Geschichte seiner Mutter, die, als er drei Jahre alt war, zum ersten Mal die Waschmaschine füllte. Der Vater hatte jahrelang dafür gespart, und zur Inauguration wurde auch die Großmutter eingeladen. Diese war derart verzückt, dass sie sich vor die Maschine setzte und das ganze Programm live mitverfolgte. Währenddessen – und das ist die Pointe dieser Geschichte – nahm die Mutter den kleinen Hans in die Bibliothek mit, damit sie dort beide lesen konnten.[4]

Dieses Beispiel zeigt anschaulich, was durch wirtschaftliches Wachstum und technologische Entwicklung möglich wird: Sie schaffen Zeit und Raum für Betätigung des Geistes, den Gebrauch des Verstands und ein besseres Leben. Auch das WLAN, das heute zur Grundausstattung jeder Wohnung, jedes Hotelzimmers und bald auch des öffentlichen Raums gehört, ist ein Resultat dieser Entwicklung. Es ermöglicht uns nicht nur, von überall her zu arbeiten und zu kommunizieren. Es verschafft uns auch Zugang zu sämtlichen Informationen dieser Welt, was eine wichtige Voraussetzung darstellt sowohl für die individuelle Entfaltung als auch die gesellschaftliche Entwicklung.

Die sich gegenseitig stimulierende Entwicklung von Produkten, Dienstleistungen, Bedürfnissen und finanziellen Möglichkeiten, wie sie bereits Adam Smith am Beispiel der Wechselwirkung zwischen Stadt und Land beschrieb, ist heute nicht anders. Sie spielt sich nur eben nicht mehr im georgianischen England, sondern in den Entwicklungs- und Schwellenländern ab, die ebenfalls vom Wachstum profitieren wollen. Eine Daumenregel lautet: 70 geteilt durch das BIP ergibt die Anzahl Jahre, die es braucht, bis sich in einem Land das Einkommen verdoppelt. Das heißt: Je höher das BIP-Wachstum, desto eher können Eltern darauf zählen, dass es ihren Kindern einmal besser gehen wird. Wirtschaftliches Wachstum steht so auch für die Zuversicht, die eine erwerbstätige Generation hat, und die Chancen, die sie für die nachkommende Generation sieht. Wachstum ist somit alles andere als ein Selbstzweck. Es ist die Voraussetzung dafür, dass sich eine Gesellschaft weiterentwickeln kann.

Das Paradebeispiel hierfür ist China: Noch in den ersten Jahren nach Maos Tod war das gesamte Land bitterarm. Einzige Ausnahme bildeten die wenigen Funktionäre, die das riesige Reich und seine Bevölkerung ausbeuten konnten, um für sich selbst einen angenehmeren Lebensstandard zu sichern. Der überwiegende Teil der Bevölkerung verharrte in Armut, ohne jegliche Entwicklungschancen. Erst die wirtschaftliche Öffnung setzte eine Entwicklung in Gang, die in China Wohlstand schuf.

Der Kuchen wird größer ...

Dass wirtschaftliches Wachstum den Lebensstandard nicht aller, sondern einiger weniger steigert und damit die Ungleichheit vergrößert, gehört zu den Standardangriffen auf den Kapitalismus. Die Kritik beruht auf der Annahme, dass die Wirtschaft ein Nullsummenspiel sei. Das aber ist falsch.

Tatsächlich funktioniert die Ökonomie in vielerlei Hinsicht kontraintuitiv. Ein klassisches Beispiel dafür ist der Arbeitsmarkt. Ließe sich die Arbeit »gerecht verteilen« – wie etwa mit Blick auf die Jugendarbeitslosigkeit immer wieder gefordert wird –, wären zahlreiche soziale Probleme rasch gelöst. So aber funktioniert das nicht. Wenn nämlich Unternehmen wertvolle Mitarbeiterinnen und Mitarbeiter, die ausgebildet, kompetent und erfahren sind, entlassen, um jüngere anzustellen, die für die entsprechenden Aufgaben und Funktionen nur ungenügend gerüstet sind, kann dies zu einem Rückgang der Produktivität führen, womit das Unternehmen im Vergleich zu seinen Konkurrenten zurückfällt und möglicherweise ganz vom Markt verschwindet; in dem Fall würden alle Mitarbeiterinnen und Mitarbeiter, ob jünger oder älter, ihren Arbeitsplatz verlieren. Umgekehrt schaffen Arbeitsplätze, die produktiv sind, weitere Arbeitsplätze. Wer genug zu tun hat – und dies wissen nicht nur Großunternehmen, sondern auch Kleinbetriebe und Selbstständige –, wird bald einmal weitere Personen anstellen, um den Aufgaben gewachsen zu sein. Arbeit schafft also Arbeit.

Nicht nur das, denn bekommt einer im Unternehmen mehr Lohn, erhält der andere deshalb nicht weniger. Dieselbe Logik lässt sich auf die gesamte Ökonomie übertragen. Die einen werden nicht reicher, weil andere ärmer werden. Der Wohlstand des Nordens beruht nicht auf der Armut des globalen Südens. Vielmehr bedeutet eine wachsende Wirtschaft eine stete Addition und Vermehrung von Entwicklung, Prosperität, Lebensstandard und Wohlfahrt.

In einer solchen Entwicklung ist Ungleichheit denn auch kein anhaltendes, sondern ein temporäres Phänomen. Wer arm ist, muss es nicht ständig bleiben. Es ist das wirtschaftliche Wachstum, das Aufstiegsmöglichkeiten generiert – für ganze Gesellschaften ebenso wie Familien und Individuen. Selbst innerhalb einer Lebensspanne erleben wir zeitweise Ungleichheit: Als Studierende können wir uns weniger leisten und sind, relativ zu gut situierten Erwachsenen, tatsächlich »arm». Sind wir unseren beruflichen Weg erfolgreich gegangen, gehören wir bald einmal zu den Wohlhabenden, vielleicht sogar Reichen, die sich – relativ zu anderen in unserer Gesellschaft – alles leisten können, sogar den Verzicht. Wie lange Individuen und Gesellschaften in Armut verharren, ist demnach kein Problem der Wirtschaft oder des Kapitalismus. Im Gegenteil: Erst wirtschaftliche Wachstum ermöglicht den Ausgang aus der Armut. Sofern die politischen und insbesondere wirtschaftspolitischen Rahmenbedingungen stimmen, ist niemand zur lebenslangen Armut verurteilt.

Ungleichheit ist aber nicht nur ein vorübergehendes, sondern auch ein relatives Phänomen. Wo Menschen wohlhabender werden, werden andere relativ zu ihnen ärmer – wobei das Wort »relativ« das entscheidende Faktum ist. Veranschaulichen lässt sich das an der Geschichte der Industrialisierung ebenso wie an der Entwicklung in den heutigen Schwellenländern. Seit dem Einsetzen der industriellen Revolution ist der Lebensstandard in zahlreichen Regionen der Welt markant gestiegen, ohne dass er in den anderen Regionen im selben Maß gesunken wäre. Ärmere Regionen sind primär *im Verhältnis* zu den prosperierenden Regionen arm.

Auch dies lässt sich am Beispiel China illustrieren: Während sich der Lebensstandard in den Küstenregionen markant erhöht hat, blieb er im Innern des Landes bisher weitgehend unverändert. Dort aber sind die Leute nicht ärmer geworden, sie scheinen jedoch umso ärmer, je wohlhabender ihre Landsleute in den boomenden Metropolen geworden sind. Gerade deshalb ist die Kommunistische Partei auf stetes Wirtschaftswachstum erpicht, weil sie nur so den Lebensstandard aller Chinesinnen und Chinesen anheben kann. Die Chinesen aber haben ihren Lebensstandard nicht auf Kosten anderer gesteigert, und sie verhindern auch nicht, das andere nachziehen werden. Im Gegenteil: Ihre Kaufkraft schafft neue Märkte, die wiederum neuer Angebote bedürfen, die entwickelt, produziert und distribuiert werden müssen, was wiederum Arbeitsplätze und Einkommen schafft.

Blickt man auf die unverändert elenden Lebensverhältnisse in weiten Teilen Afrikas, mag dies vermessen und weltfremd klingen. Dass Gesellschaften dort seit Jahrzehnten kaum eine Entwicklung durchmachen, ist in der Tat bitter und erweckt den Anschein der Ausweglosigkeit. Dass dem nicht so sein muss, zeigt die Erfahrung. Angesichts der generellen wirtschaftlichen Entwicklung, aber auch anhand empirischer Daten lässt sich feststellen, dass eine innovative Wirtschaft mit einer hohen sozialen Mobilität einhergeht.[5] Gerade junge Unternehmen bieten Aufstiegschancen für Menschen, die in den traditionellen Strukturen weniger unterkommen. Selbst die Entwicklungszusammenarbeit richtet seit jüngster Zeit ein stärkeres Augenmerk auf die Privatwirtschaft, weil nur über sie wirtschaftliches Wachstum möglich ist.

… und die Abfallberge auch

Zu Recht weisen Wachstumskritiker auf die Exzesse unserer Konsumgesellschaften und die damit einhergehenden Abfallberge hin. Ob Elektroschrott, verdorbene oder sogar noch genießbare Lebensmittel oder Ramschwaren jeglicher Art: Sie sind längst Sinnbild der alles dominierenden und zerstörenden Ökonomie.

Tatsächlich spiegelt unser Konsumverhalten und der Nutzen, den wir daraus ziehen – oder auch nicht mehr ziehen –, ein ökonomisches Gesetz wider: jenes vom abnehmenden Grenznutzen. Je mehr wir von etwas haben oder haben können, desto geringer wird sein Wert. Auch die sozialwissenschaftliche Glücksforschung bestätigt dies, hat sie doch erkannt, dass materieller Wohlstand nicht unbegrenzt zu einem glücklich(er)en Leben beiträgt. Das Glück lässt sich ab einem bestimmten Lebensstandard durch Zuwachs von Reichtum nicht mehr weiter steigern. Oder, wie der Glücksforscher Bruno S. Frey diese Beziehung zwischen Einkommen und Glück zusammenfasst: Noch mehr vom selben macht nicht noch glücklicher.[6]

Dieses Phänomen des Überflusses – der nicht selten in Überdruss mündet – stellt nicht nur in moralischer, sondern auch in ökonomischer Hinsicht eine Fehlentwicklung dar. Ihr liegt tatsächlich das zugrunde, was viele – gerade Wachstumskritiker – als »Wachstumszwang« bezeichnen. In seinem gleichnamigen Buch beschreibt der Schweizer Ökonom Mathias Binswanger das Zusammenspiel von Geld, Wettbewerb und technologischem Fortschritt, das zu diesem Wachstumszwang führt.[7] Dabei ist das Geld – genauer: die Geldschöpfung durch die Banken – entscheidend. Das Kreditwesen ermöglicht es Unternehmern und Händlern, Investitionen zu tätigen, Risiken einzugehen und auf eine Rendite zu wetten.

Das Ziel von Unternehmen im kapitalistischen System ist und bleibt es, Gewinn zu erwirtschaften, und zwar in Form von Geld, das wiederum investiert werden kann. Solche Investitionen sind dem Wettbewerb geschuldet: dem Wettbewerb mit anderen Unternehmen, die im selben Markt tätig sind und ebenfalls danach streben, durch ihre Verbesserungen größere Marktanteile zu erobern. Um gegenüber diesen bestehen zu können, sind alle anderen Unternehmen ebenso gezwungen, an Innovationen zu arbeiten, wofür sie wiederum Geld brauchen. Dieses Geld können sie jedoch nicht allein aus den eigenen Gewinnen schöpfen, weshalb sie Banken brauchen, die ihnen Kredite gewähren. Das tun diese jedoch nur dann, wenn die Unternehmen erfolgreich sind, also Gewinne erwirtschaften und damit weitere Erfolge versprechen. Unternehmen müssen also wachsen, wenn sie nicht vom Markt gedrängt werden wollen. Der Wachstumszwang der Wirtschaft entspricht dem Überlebensdrang in der Natur.

Auch deshalb spielt sich dieser sogenannte »Wachstumszwang« nicht nur zwischen Unternehmen und Banken ab. Vielmehr erfasst er die gesamte Gesellschaft. Denn zur Wirtschaft gehören nicht nur die Unternehmen und ihre viel gescholtenen Manager, sondern auch die Mitarbeitenden, Konsumenten, Zulieferer, Kunden. Sie alle leisten ihren Beitrag dazu, in Form von Arbeit oder Konsum, und beides will bezahlt werden. Sie alle entrichten auch Steuern, die ihrerseits eine Voraussetzung dafür sind, dass die staatlichen Gemeinwesen eine individuelle Förderung und Absicherung, sprich Bildung, Für- und Vorsorge überhaupt finanzieren können.

Der Kreislauf des »Wachstumszwangs« ist einleuchtend. Eine begriffliche Alternative zur dieser negativen Konnotierung wäre die »systemimmanente Wachstumslogik« oder schlicht die »Eigenlogik des Systems«. Und anstelle der Klage, dass wir in diesem System »gefangen« sind, wäre der Hinweis angebracht, dass es dieses System allen ermöglicht, nach einem besseren Lebensstandard zu streben. Einmal »angekommen«, was indes immer nur eine subjektive Einschätzung sein kann, ist es jeder und jedem erlaubt, nach seiner Fasson glücklich zu werden: noch mehr materiellen Wohlstand anzustreben – oder mit dem Erreichten und Erworbenen zufrieden und glücklich zu sein.

Die Schattenseite dieses Wachstumszwangs liegt freilich darin, dass längst nicht mehr nur das produziert wird, was Menschen brauchen, um zu überleben oder besser zu leben. Vielmehr werden auch Dinge produziert, die wir gar nicht bräuchten: nicht in dieser Menge und schon gar nicht in dieser Varianz. »Fast Fashion« ist ein Beispiel für diese Fehlentwicklung: Kleidungsstücke, die so wenig kosten, dass man sie nach einem Mal tragen auch wegwerfen oder am Urlaubsort zurücklassen kann (was offenbar geschieht), weil einpacken und ordentlich aufbewahren schlicht zu anstrengend ist. Dasselbe gilt für Spielzeuge, Haushaltsgeräte, elektronische Gadgets, Schreibwaren, Lebensmittel und vieles mehr – Gegenstände, die flüchtig gekauft und achtlos in den Müll geschmissen werden.

Die Produktion zu derart niedrigen Kosten ist nur möglich, weil Arbeitskräfte in Billiglohnländern unter frühkapitalistischen Bedingungen arbeiten. Sollte deshalb also die Produktion eingestellt werden? Nein, denn nur eine gesicherte Arbeit mit einem anständigen Lohn kann diese Menschen aus ihrer Armut befreien. Damit aber das wirtschaftliche Wachstum sein Versprechen als Entwicklungsmotor auch bei diesen Menschen einlösen kann, müssen deren Arbeitsbedingungen verbessert werden. In den Industrieländern wurde der Manchester-Kapitalismus des 19. Jahrhunderts überwunden; den Billiglohnländern steht diese Aufgabe noch bevor.

Auch dieses Beispiel zeigt: Ein Wachstumsstopp wäre nicht die Lösung. Denn nur das Wachstum selbst schafft die Voraussetzungen, dass die weitere Entwicklung in die richtige Richtung gelenkt werden kann. Erst ein größerer Absatz erlaubt höhere Löhne, die wiederum zu höheren Produktionskosten führen und zu höheren Preisen, die sich jedoch nur durch eine höhere Qualität rechtfertigen lassen. Es ist – ironischerweise – dieser »Wachstumszwang«, der eine solche Entwicklung forciert.

II Alles hat seinen Preis

Kaum eine Wachstumskritik kommt ohne den Hinweis auf »das System« aus: den Kapitalismus. Und kaum eine Manifestation der »Klimajugend« (als ob die demonstrierenden Jugendlichen eine gesamte Generation vertreten würden) kommt ohne die Forderung nach einem »Systemwechsel« aus. Die Überantwortung des Klimawandels an »das System« ist jedoch schon deshalb falsch, weil nicht »das System« handelt, sondern die Menschen in ihm[8] – und folglich alle, die durch ihren Lebenswandel zur Klimaveränderung beitragen.

Von dieser grundsätzlichen Position einmal abgesehen ist es gerade nicht »der Kapitalismus«, der die Umwelt am stärksten schädigt(e). Zum einen ist die Ausbeutung der Umwelt älter als der Kapitalismus selbst. Bereits in der Antike standen Abholzungen, namentlich für den Schiffsbau, im großen Stil auf der Tagesordnung. Und der Begriff der »Nachhaltigkeit« wurde nicht erst im Brundtland-Bericht der UNO-Kommission für Umwelt und Entwicklung der Vereinten Nationen von 1987 begründet. Er stammt, wie der Wirtschaftshistoriker Werner Plumpe zeigt, aus der frühen Neuzeit.[9] 1713 veröffentlichte der sächsische Oberberghauptmann Hans Carl von Carlowitz die Schrift *Sylvicultura oeconomica*, in der er sich für den »nachhaltenden« Umgang mit dem Wald aussprach. Im Laufe seiner beruflichen Tätigkeit hatte er zu viele rücksichtslos abgeholzte Wälder gesehen und erkannt, dass diese Ressource sich weniger rasch erneuert, als sie genutzt wird.

Das Versagen des Sozialismus

Auch ein sehr viel jüngeres Beispiel entlastet den Kapitalismus von seiner angeblich umfassenden Schuld. Ausgerechnet die DDR, die sich mit aller Kraft gegen die Marktwirtschaft stemmte, präsentiert sich als eine der größten Umweltsünderinnen ihrer Zeit – und das bei einem der sozialistischen Planwirtschaft geschuldeten deutlich geringeren Lebensstandard als in der damaligen BRD. Da nützte es auch nichts, dass sich der Arbeiter- und Bauernstaat den Umweltschutz als Staatsziel 1968 in die Verfassung schrieb und bereits 1972 – anderthalb Jahrzehnte vor der Bundesrepublik – ein Umweltministerium einrichtete. Denn der CO_2-Ausstoß pro Arbeiter- und Bauernkopf gehörte während der 1970er- und 1980er-Jahre zu den höchsten weltweit und lag, in Relation zum jeweiligen BIP, über dreimal höher als in Westdeutschland. Die Menge der von den vielen Braunkohlekraftwerken ausgestoßenen Schwefeldioxide war 15-mal größer, die Belastung der Luft mit Schwebestaub (zu dem auch der heute diskutierte Feinstaub gehört) zehnmal höher als beim Klassenfeind. Das Trinkwasser, das es durch die maroden Leitungen in die Haushalte schaffte, war mit Bakterien belastet, und die Abwässer wurden grob und ungenügend gereinigt, was dazu führte, dass jeder zweite größere Fluss in der DDR biologisch tot war.[10] Erst mit der deutschen Vereinigung samt damit verbundener Integration in die EU und der sukzessiven Übernahme neuerer – im Kapitalismus entwickelter – Technologien vermochten die nunmehrigen neuen Bundesländer diesen Ausstoß zu senken. Dasselbe galt für die osteuropäischen Staaten, die vor dem Mauerfall zum Einflussbereich der UdSSR gehörten und eine ähnlich lamentable Umweltbilanz aufwiesen. Auch diese Länder konnten ihre Umweltverschmutzung erst nach dem Zusammenbruch des Ostblocks deutlich verringern – bei gleichzeitiger Erhöhung des Lebensstandards.

Die Gegenüberstellung von DDR und BRD respektive Ost- und Westeuropa ist deshalb interessant, weil sie eines der wenigen real existierenden Experimente abbildet, das einen direkten Vergleich der Leistungen von Kapitalismus und Sozialismus ermöglicht. Die Bilanz könnte eindeutiger nicht ausfallen: Es ist der »böse« Kapitalismus, der gelernt hat, dass und wie man die Umwelt schont, der den Menschen ein besseres Leben ermöglicht und der sich nicht in Lügen flüchten muss, wenn er Rechenschaft über seine Leistungen und Verfehlungen abzulegen hat.

Kostenwahrheit als Schlüssel

Bereits in den 2010er-Jahren wurde der Gegensatz zwischen »qualitativem« und »quantitativem« Wachstum intensiv diskutiert – warum? Der Grund dürfte in den Nachwehen der Finanzkrise gelegen haben. Die meisten Volkswirtschaften litten unter einer Rezession; die Menschen fürchteten um ihr Einkommen und wünschten sich nichts sehnlicher als Wachstum: wirtschaftliches Wachstum.

Wie sollten die Wachstumskritiker darauf reagieren? Sie sahen sich zu einer argumentativen Volte gezwungen und gingen dazu über, qualitatives von quantitativem Wachstum zu unterscheiden und Ersteres gutzuheißen, Letzteres hingegen zu verurteilen. Mehr Fast Fashion war also schlecht, hochwertigere Kleidung hingegen gut, sofern sie lange und intensiv getragen würde. Diese Differenzierung hält zwar keiner ökonomischen Erklärung stand, sie bot jedoch ein lebensweltliches Schema, das in der Sache nachvollziehbar war und die Debatte immerhin der Frage zuführte, welches Wachstum sinnvoll sein könnte.

In der Folge drehte sich die Auseinandersetzung – und sie tut es noch heute – darum, wie wir das Wachstum so gestalten können, dass nicht nur der Mensch davon profitiert, sondern auch die Umwelt. Die Frage, die sich stellt, lautet also nicht: Wachstum – ja oder nein? Sondern: Welches Wachstum wollen wir?

Um wirtschaftliches Wachstum umweltfreundlich zu gestalten, bedarf es eines einzigen, aber zentralen ökonomischen

Prinzips: Jegliche Produktion und Distribution von Waren und Dienstleistungen muss den reellen, tatsächlichen Preis abbilden. Einberechnet werden müssen also nicht nur die direkten Produktionskosten, die in Form von Rechnung an Zulieferer sowie Löhne an die Mitarbeitenden zu bezahlen sind, sondern auch die indirekten und Folgekosten, die bei der Natur anfallen: für genutzte, übernutzte oder verunreinigte Böden und Gewässer oder in verschmutzter Luft. Der ökonomische Terminus hierfür lautet »Externalität«: Es sind jene Kosten, die außerhalb der eigentlichen Fertigung und Verteilung anfallen und oft keinen Preis haben – zumindest noch nicht. Das Prinzip muss lauten: Die Umwelt hat einen Preis; und wer erfolgreich sein will, muss es unter Abgeltung dieser reellen Kosten sein.

Das bisher ehrgeizigste Konzept, das derartige Kosten mit einbezieht, ist die sogenannte Kreislaufökonomie, bei der sämtliche eingesetzten Rohstoffe natürlich abgebaut oder wiederverwertet werden sollen. Als »Gebrauchsanweisung für das 21. Jahrhundert« vom Chemiker Michael Braungart und dem Umweltarchitekten William McDonough bereits kurz nach der Jahrtausendwende vorgelegt, propagiert es nicht nur ein »Recycling« von Gegenständen, sondern mehr noch das »Precycling« derselben, wobei bereits vor der Produktion überlegt wird, wie ein Gegenstand nach Gebrauch in seine Teile zerlegt und wiederverwertet werden kann.[11] Der Effekt wäre klar: Als Konsument kaufen wir Dinge, die wir nach Gebrauch nicht einfach entsorgen, vulgo: wegwerfen, sondern dem Verkäufer oder Produzenten zurückgeben, weil dieser die Weiterverwendung bereits eingeplant hat. Was gekauft wird, soll »von der Wiege zur Wiege« (*cradle to cradle*) funktionieren und in die Nährstoffkreisläufe der Natur eingebettet sein.

Bereits in der Vergangenheit konnte die technologische Entwicklung zur Reduktion umweltschädlicher Emissionen beitragen, wie etwa auch die Geschichte des Fahrzeugkatalysators zeigt. Es war die deutsche Autoindustrie, die sich vehement gegen dessen Einführung wehrte, obwohl er in Japan und in den USA bereits erfolgreich im Einsatz war. Die Bundesregierung hatte in der Folge schlicht keine andere Wahl, als den Katalysator zu verordnen – mit einer Übergangsfrist von fünf Jahren. Die damaligen Stichworte in der Debatte lauteten: saurer Regen, Waldsterben, Umweltschutz. Heute sind Autos ohne diese Abgasreinigung nicht mehr denkbar.

Überhaupt bietet die Automobilindustrie ein schönes Anschauungsbeispiel, wie unternehmerische Strategie und staatliche Anreize zusammenspielen. In einer Auswertung von Industriedaten aus 80 Ländern zwischen 1978 und 2005 konnte gezeigt werden, dass es sehr wohl klare staatliche Signale braucht, damit die Industrie ihre gewohnten Pfade verlässt und in die Entwicklung neuer Technologien investiert.[12] Zusammen mit klaren Preissignalen – etwa Treibstoffpreisen – werden die Veränderungen sichtbar. Unter dem Druck von Politik und Öffentlichkeit forscht und entwickelt die Branche weiter, weil sie weiß, dass sie ihren Ressourcenverbrauch insgesamt verringern und von fossilen Brennstoffen wegkommen muss. Der Markt wartet darauf.

Es geht also darum, in Sachen Umwelt eine »Kostenwahrheit« herzustellen, die Unternehmen ebenso trifft wie die Konsumenten und ein deutliches Signal aussendet, was sich für die Umwelt auszahlt und also lohnt. Der Weg dorthin ist klar: Unternehmen verbessern ihre Umweltbilanz dann, wenn die Politik sie dazu verpflichtet, indem sie die Umwelt mit einem Preisschild versieht. Möglichkeiten sind eine CO_2-Steuer, höhere Energie- und Stromkosten oder auch die steuerliche Begünstigung von Forschung und Innovation in »grüne« Technologien. Die Lösung liegt also in der »Einpreisung« der Umwelt – und nicht in einem Wachstumsverbot. Gerade wenn die Unternehmen unter Wachstumszwang stehen – oder weniger polemisch formuliert: der ökonomischen Eigenlogik folgen –, werden sie in die Umwelt investieren.

Im Übrigen lässt sich sehr einfach feststellen, in welchem Maß Umweltanliegen ein konjunkturelles Phänomen sind. Ihre Kurve verläuft parallel zum wirtschaftlichen Wachstum. Geht es den Menschen gut, können sie sich – zumindest nach außen hin – um nicht existenzielle Themen wie »die Umwelt« kümmern. Sobald aber ein niedriges Wachstum oder gar eine Rezession die Sorge um den Arbeitsplatz und das tägliche Brot in den Vordergrund rücken, verliert der Umweltschutz an Bedeutung.

Nur das wirtschaftliche Wachstum kann den technologischen Fortschritt antreiben. Nur Unternehmen, die erfolgreich sind, können es sich leisten, in Forschung und Entwicklung zu investieren, um Innovationen hervorzubringen, die auf bestehende und künftige Bedürfnisse antworten. Das heißt: Der technologische Fortschritt ist nicht nur ein Ausdruck des Wachstums; vielmehr ist das Wachstum selbst eine Voraussetzung für den technologischen Fortschritt. Wachstum und technologische Entwicklung bedingen sich gegenseitig. Der Wettbewerb wiederum sorgt dafür, dass Unternehmen nach günstigeren, will heißen effizienteren Produktionsmethoden suchen, um am Markt zu bestehen. Sind die Anreize richtig gesetzt, profitiert auch die Umwelt davon.

Elend als einzige Alternative

Wer dieser Logik nicht folgen mag, muss sich zumindest vergegenwärtigen, was die Alternative wäre. Und diese entspricht nicht jener idyllischen Vorstellung einer selbstgenügsamen, harmonischen und von allen irdischen Zwängen befreiten Welt, wie sie Wachstumskritiker verheißungsvoll anpreisen. Vielmehr ist das Gegenteil der Fall. Fällt das Wirtschaftswachstum aus, kann der vorhandene Wohlstand nur noch verteilt, aber nicht mehr erneuert werden. Damit fehlen neue Impulse, und Investitionen bleiben aus, weil niemand investiert, wenn keine Aussicht auf Erfolg besteht. Das erwünschte Nullwachstum schlägt also rasch in ein negatives Wachstum um, und das bedeutet weniger Produktion, weniger Konsum, weniger Einnahmen, weniger Arbeit, weniger Einkommen. Sinkt parallel dazu nicht auch die Bevölkerung – Malthus und der Club of Rome lassen grüßen –, sind mehr oder minder brutale Verteilungskämpfe, Armut und Elend die Folge. Die propagierte Postwachstumsökonomie entpuppt sich dann als Postwohlstandsökonomie, in der auch die Mittel für eine staatliche Wohlfahrtspolitik fehlen. Wer auf Ersparnisse zurückgreifen kann, bleibt vorerst von den Verwerfungen verschont. Arbeitslosigkeit und Verarmung können jedoch nicht mehr durch sozialstaatliche Unterstützungen aufgefangen werden. Das Nachsehen hätten all jene, die ohnehin am unteren Ende der sozialen Skala stehen.

Erinnern wir uns an den Beginn der Coronakrise: Vor allem lokale Geschäfte und Restaurants, aber auch kleinere Firmen mussten um ihre Existenz bangen. Der Wirtschaftskreislauf wurde für nur kurze Zeit unterbrochen, und die Folgen waren umgehend sichtbar. Unternehmen baten den Staat um Unterstützung; prekäre Arbeitsplätze waren unmittelbar bedroht; kleinere und Einzelunternehmen mussten zusehen, wie sich das, was sie über Jahre aufgebaut hatten, gleichsam über Nacht in Luft auflöste; und die Ärmsten der Armen – in den Industrie-, Entwicklungs- und Schwellenländern – wurden besonders hart getroffen. Das ist es, was der Ausstieg aus dem Wachstum bedeutet: Für viele bedeutet es nicht einfach weniger Luxus und Konsum, sondern schlicht den Entzug ihrer Existenzgrundlage.

Wären die Lockdowns als »Experiment Nullwachstum« angelegt worden, hätte sich jegliche Diskussion über die Sinnhaftigkeit einer solchen Strategie rasch erledigt. Nichtsdestotrotz hält die Coronakrise mit ihrem Rückgang der Reisen und Transporte und dem Rückgriff auf lokalere Ressourcen und Produktionskapazitäten ihre Lehren bereit. Dennoch gilt es zu bedenken, dass globale Lieferketten nicht nur für die Industrie-, sondern ebenso die Entwicklungs- und Schwellenländer von existenzieller Bedeutung sind. Zahlreiche Technologien bauen auf Rohstoffen, die nur in bestimmten Ländern vorhanden sind; und im Aufbau begriffene Volkswirtschaften sind auf den globalen Handel angewiesen, damit sie weiter wachsen und ihrer Bevölkerung eine Aussicht auf ein besseres Leben bieten können.

Was ein länger andauerndes Ausbleiben von Wirtschaftswachstum bedeutet, lässt sich am Beispiel von Griechenland gut illustrieren. Durch seine Aufnahme in die Eurozone konnte sich das Land günstig verschulden und damit wachsen. Allerdings wuchs dabei mehrheitlich der Staat, für dessen Apparat mehr Leute angestellt und großzügige Pensionen ausbezahlt wurden. Dieses nicht nachhaltige Wachstum wurde durch die Finanzkrise jäh gestoppt. In den acht darauffolgenden Jahren verzeichnete das Land ein negatives Wachstum, das sich in Zahlen so präsentiert: Das BIP sank um insgesamt 25 Prozent, die Arbeitslosenrate kletterte auf 27 Prozent, der Konsum brach um rund 20 Prozent ein, und die Ersparnisse der Haushalte, die zu Beginn dieser Periode noch bei 6 Prozent lagen, verwandelten sich in Verschuldungen von 6 Prozent. Da nicht mehr investiert wurde, verringerten sich die Investitionen um fast 70 Prozent. Der Staat, der kaum mehr über Steuereinnahmen verfügte, musste seinerseits Leistungen kürzen und Leute entlassen. Aufgrund seiner Zahlungsunfähigkeit konnte er nicht einmal mehr kompensierend eingreifen, was das Ganze noch verschlimmerte. In diesen acht Jahren verschwanden rund 30 Prozent der Unternehmen vom Markt, viele davon Kleinstbetriebe, die ganze Familien ernährten, aber über keinerlei finanziellen Puffer verfügten. Bei den überlebenden Firmen brachen die Gewinne massiv ein.

Ohne Wachstum, das zeigen die genannten Beispiele auf drastische Weise, gerät eine Volkswirtschaft in eine Abwärtsspirale: Verluste und Bankrotte von Unternehmen erhöhen die Arbeitslosigkeit, senken die Nachfrage und führen zu weiteren Unternehmensverlusten, womit sich die Krise weiter verschärft. Es gibt zwischen dem »Wachstumszwang« und dieser Form der Schrumpfung kein statisches Dazwischen, das sich als »Nullwachstum« bezeichnen ließe. Die verschiedenen Faktoren – Unternehmen, Arbeitsplätze, Einkommen, Konsum, Kredite und Investitionen – sind miteinander verknüpft und unterstehen in einer kapitalistischen Wirtschaft allesamt der Wachstumslogik. Deshalb kann auch nicht einfach eines der zentralen Elemente einer solchen Wirtschaft – sei es das Geld, der Wettbewerb oder der technologische Fortschritt – wie ein Puzzlestein herausgelöst werden, um diesen Kreislauf zu durchbrechen.

Der Verzicht auf Wettbewerb und technologische Entwicklung resultierte, wie am Beispiel der DDR erläutert, im niedrigen Lebensstandard und der Umweltverschmutzung. Anstelle des Konsums auf Tauschen und Teilen umzustellen, wäre für einen Teil von Gebrauchsgegenständen zwar möglich und sinnvoll; der Wettbewerb um bessere Angebote wäre damit jedoch nicht ausgeschaltet. Kredite zu verbieten oder einzufrieren, wie es der Club of Rome vorschlug, triebe Unternehmen in den Ruin. Jeder der genannten Eingriffe leitete früher oder später eine Abwärtsspirale ein – mit gravierenden Konsequenzen für die Menschen und ihren Alltag.

Auch die komplette Überantwortung der Wirtschaft an den Staat verspricht keine bedarfsgerechte Produktion und ausgewogene Entwicklung, wie die Geschichte zeigt. Markenzeichen des real existierenden Sozialismus waren nicht nur die eklatante Misswirtschaft, sondern auch die brutale staatliche Überwachung. Sie folgt zwangsläufig, weil sich Menschen nur ungern in ihrer Bewegungsfreiheit einengen und ihren Entfaltungsmöglichkeiten einschränken lassen. Genau darin liegt der vielleicht dringendste Grund, Wachstum nicht nur zuzulassen, sondern es zu befürworten. Wachstum entspricht der menschlichen Natur. Mehr noch: Es befördert sie.

III Das unterschätzte Individuum

Was ist der Mensch? Ein rationales, aber verantwortungsloses Wesen? Ein vernünftiges und daher für Aufklärung und Wissen empfängliches Individuum? Oder ein gegenüber dem System wehrloses und unterdrücktes Opfer?

Letzterem Menschenbild verschreiben sich die Gegner des Kapitalismus. Es geht, wie das Nullsummenspiel, auf das Konto von Marx. An Hegel dialektisch geschult, war der Philosoph und prominente Kritiker des Frühkapitalismus wild entschlossen, die Ökonomie aus der Dialektik heraus zu erklären und wissenschaftlich darzulegen, dass die kapitalistische Wirtschaft unweigerlich ihrem Zusammenbruch entgegenstrebt, um sich danach, so seine Verheißung, in eine »klassenlose Gesellschaft« zu transformieren. Er wollte die Menschen von der Illusion, dass die Industrialisierung einen Fortschritt mit sich bringe, befreien. Denn die Arbeitsteilung führe nicht, wie von Adam Smith propagiert, zu Wachstum und Wohlstand, sondern einzig zur Ausbeutung und Knechtschaft der arbeitenden Klasse.

Der vergegenständlichte Mensch?

Marx' Analyse zeichnet sich, wie Karl Pribram in seiner *Geschichte des ökonomischen Denkens* darlegt, durch zahlreiche Unzulänglichkeiten aus – die vermutlich sogar Marx bewusst waren.[13] Sein blindester Fleck aber war sein Blick auf den Menschen. Marx war überzeugt davon, dass die jeweilige Produktionsweise – zu Zeiten der Sklaverei die Handmühle, in der

Feudalordnung die Wasserkraft und nun, im Kapitalismus, die Dampfmaschine (heute wäre es vermutlich der Computer) – die gesamte Gesellschaft ordne. Ganz der hegelschen Teleologie verpflichtet, hielt er den Lauf der Dinge für unabwendbar, weshalb der Wille des Menschen und seine geistigen Fähigkeiten keinen Einfluss auf die ökonomische, politische oder soziale Entwicklung haben können. In den herrschenden Produktionsverhältnissen würde ein gutes, anständiges Leben niemals für alle Menschen erreichbar sein. Unter Bedingungen einer kapitalistischen Wirtschaft könne dies nur »dem Kapitalisten« gelingen, »den Arbeitern« hingegen nie. Nur Ersterer sei in der Lage, Waren gegen Geld zu tauschen und Reichtum anzuhäufen. Letztere könnten nur Waren gegen Waren tauschen und einen Lohn erhalten, der gerade ihre Existenz sichere. Ihr eigentlicher Wert, nämlich ihre Arbeitskraft, schlage sich lediglich im »Mehrwert« der Ware nieder und gehöre somit allein dem Kapitalisten. Der Arbeiter würde auf diese Weise von seiner Arbeit entfremdet; er sei das »ausgebeutete« Objekt.

Marx' Argumentation läuft darauf hinaus, dass der Arbeiter im kapitalistischen Produktionsprozess kein Mensch mehr ist, sondern »vergegenständlicht« und »materialisiert« wird und dadurch verkümmert. Mehr noch: Er muss »seine Arbeitskraft selbst, die nur in seiner lebendigen Leiblichkeit existiert, als Ware feilbieten«.[14] Anders formuliert: Der Arbeiter ist der Leibeigene des Kapitalisten, der Unternehmer der kapitalistische Sklavenhalter. Dieses Verhältnis begründete für Marx das Nullsummenspiel (das, wie ich bereits dargelegt habe, jeglicher Grundlage entbehrt): Allein die Ausbeutung der Arbeiter ermöglicht den Reichtum des Kapitalisten; und jede Mehrung dieses Reichtums bedeutet umgekehrt eine noch stärkere Ausbeutung der Arbeiter.

Seinen Anhängern scheint es bis heute einerlei, dass Marx mit seiner Theorie gerade nicht erklären konnte, weshalb auch der Lebensstandard der Arbeiter stetig stieg. Im Zuge der Fortentwicklung der kapitalistischen Wirtschaft – des Wachstums! – haben die Arbeiter sehr wohl von verbesserten Arbeitsbedingungen wie geregelten Arbeitszeiten samt Wochenenden und Ferien profitiert. Ihre Löhne stiegen, sodass sie in bessere Wohnungen umziehen, die Kinder zur Schule schicken und irgendwann gar selbst Ersparnisse anlegen konnten. Sie erhielten damit – um im marxschen Sprachgebrauch zu bleiben – sogar die Möglichkeiten, Kapital zu »akkumulieren«, das sie in den eigenen Lebensstandard – etwa Heizung, Bildung und Gesundheit – investieren konnten.

Bis heute gelten unter Anhängern von Marx die »Kapitalisten« als die Bösen, die »Arbeiter« als die Guten; Erstere sind die Täter, Letztere die Opfer, weshalb man jene verurteilen und diese unterstützen muss. Warum es jedoch den einen gelingt, sozial aufzusteigen und selbst unternehmerisch tätig zu werden, während sich andere als Arbeiter »ausbeuten« lassen, darüber schweigen sich Marx und seine Jünger bis heute aus. Das erstaunt nicht, denn die Anerkennung dieses Widerspruchs stellte die deterministische Weltsicht in Frage.

Ebenso wäre zu klären, wer denn heute die »Kapitalisten« sind. Nur Unternehmer können es angesichts der zwar vielen, aber meist kleineren eigentümergeführten Unternehmen nicht sein. Manager können es ebenso wenig sein, weil sie als Lohnempfänger eigentlich unter die Kategorie der »Arbeiter« fallen müssten – eine Zuordnung, die wohl auch dem großzügigsten Marxisten widerstrebt. Es müssen wohl die Aktionäre sein, was jedoch das Problem nicht löst, sondern zusätzlich verschärft. Denn heutzutage besitzen nicht nur viele Menschen Aktien, vielmehr sind über die im Kapitalmarkt angelegten Gelder für die Altersvorsorge schlicht *alle* Aktionäre.

Der Kapitalist ein Autor seines Lebens, der Arbeiter ein ausgebeutetes Opfer, ein dem Untergang geweihter Kapitalismus: Angesichts dieses schlüssigen »Plots«, wie ihn Marx entwarf und seine Anhänger entgegen jeglicher Evidenz bis heute erzählen, könnte man versucht sein, den Marxismus für eine Verschwörungstheorie zu halten. Am Ende ist nicht nur die Religion, wie Marx meinte, das Opium des Volkes, sondern auch der Marxismus selbst. Die innige und unbeirrbare Verehrung des Propheten durch seine Exegeten widerlegt die Fakten jedenfalls nicht.

Das entscheidende Subjekt

Eine ähnliche Vermutung musste bereits Joseph Schumpeter beschlichen haben. Der österreichisch-amerikanische Ökonom suchte nach einer Erklärung für die wirtschaftliche Entwicklung – und fand das Gegenteil dessen vor, was Marx behauptet hatte. Er interessierte sich nicht dafür, wie sich die Wirtschaft historisch entwickelt hat. Er wollte wissen, wie sie jahrein, jahraus abläuft. Durch seine präzisen Beobachtungen kam er zum Schluss, dass nicht die Produktionsweise den Menschen bestimme, sondern umgekehrt der Mensch als »Wirtschaftssubjekt« die Wirtschaft überhaupt erst schaffe und seine eigene Rolle darin selbst bestimme.

Es sei nicht der Drang des Unternehmers nach Reichtum, der die Wirtschaft ankurbelt, denn er produziere nur, was er meint, auch absetzen zu können. Dieses fortwährende Zusammenspiel von Angebot und Nachfrage schaffe nur dann eine Überproduktion, wenn die zum Verkauf angebotenen Produkte die vorhandenen Wünsche nicht mehr befriedigen oder der Markt mit ihnen bereits derart gesättigt ist und die Konsumenten nach Neuem verlangen.

Damit attestiert Schumpeter – ganz im Gegensatz zu Marx – *allen* Menschen die Fähigkeit und Möglichkeit, wirtschaftliche Entscheidungen zu treffen, auch den Arbeitern. Sie sind es, die entscheiden, ob und wie viel sie arbeiten. Bei steigendem Lebensstandard, so sinnierte Schumpeter, dürfte Freizeit wichtiger werden als Arbeit – dann, wenn die materiellen Bedürfnisse im Großen und Ganzen befriedigt seien und man nicht noch mehr Geld brauche, um sich noch mehr leisten zu können. Damit prophezeite Schumpeter nicht nur den heutigen Trend zu Teilzeitarbeit und »Work-Life-Balance«, sondern auch den freiwilligen Verzicht auf mehr, wie ihn die Wachstumskritik zumindest teilweise propagiert.

Die zentrale Rolle des Unternehmers besteht für Schumpeter darin, die Gesellschaft und ihre Bedürfnisse geistig zu durchdringen. Seine überragende Vorstellungskraft erlaube es ihm, »neue Kombinationen« zu entwickeln und ihnen wirtschaftlich zum Durchbruch zu verhelfen. Von »neuen Kombinationen« spricht Schumpeter deshalb, weil auch Innovationen auf begrenzte Ressourcen zurückgreifen. Wirtschaftliche Entwicklung ist somit nichts anderes als der Versuch, »vorhandene Dinge und Kräfte« neu zu kombinieren.[15] Grenzen des Wachstums kann es aus Prinzip nicht geben. Vielmehr entstehen aus den neuen Kombinationen neue Produkte, bestehende Produkte in neuer Qualität, neue, effizientere Produktionsmethoden, vielleicht unter Einbezug neuer Rohstoffe, neue Absatzmärkte oder gänzlich neue Industriezweige. Was Schumpeter als »schöpferische Zerstörung« beschreibt, ist die Quintessenz der wirtschaftlichen Entwicklung und des Wachstums, wobei sich Letzteres gerade nicht in der Anhäufung und Mehrung erschöpft. Vielmehr schließt die schöpferische Zerstörung die Schrumpfung und die Elimination dessen ein, was am Markt nicht mehr nachgefragt wird.

Die bisher jüngste ökonomische Wachstumstheorie stützt die Bedeutung dieses »unternehmerischen Spirits«. Paul Romer, Ökonom und Wirtschaftsnobelpreisträger 2018, erklärte das Humankapital zum wachstumsentscheidenden Faktor.[16] Nur dem Wissen sei – im Gegensatz zu den natürlichen Ressourcen – keine Grenzen gesetzt. Deshalb könnten sich, ganz im Sinne Schumpeters, aufgrund neuer Erkenntnisse und Ideen »kombinatorische Explosionen« ergeben, die zu einer Vielfalt von Innovationen führen, welche die wirtschaftliche

Entwicklung im Kleinen wie im Großen vorantreiben. Selbst kaum wahrnehmbare Veränderungen könnten einen Quantensprung auslösen: eine Innovation, die Produkte, Produktionsprozesse, Branchen und Märkte binnen kurzer Zeit vollkommen verändert. Es ist das, was im Zuge der technologischen Entwicklung als »Disruption« bezeichnet wird.

Romer versuchte mit seinem Fokus auf den menschlichen Geist, jene Lücke zu füllen, die die neoklassische Wachstumstheorie, wie sie in den 1950er-Jahren von Robert Solow formuliert wurde, offenließ. Solows Ansatz lautete, dass allein das verfügbare Investitionskapital das Wirtschaftswachstum vorantreibe. Diese Theorie vermochte jedoch gerade nicht zu erklären, weshalb die einen Entwicklungsländer durch massive Kapitalzufuhr und Investition wuchsen – das Paradebeispiel ist wiederum China –, während andere, namentlich afrikanische Staaten, nach wie vor und trotz Investitionen kein nennenswertes Wachstum aufweisen.

Es ist also nicht »das Kapital«, das darüber entscheidet, ob sich Unternehmen und Märkte etablieren und Menschen von einem steigenden Lebensstandard profitieren, denn ohne menschliches Zutun fließt »das Kapital« ohnehin nirgends hin. Entscheidend ist vielmehr »der Kapitalist«: jenes Individuum, das Ideen hat und diese verwirklichen will, das Entscheidung trifft und diese umsetzt, das sein Leben selbst in die Hand nimmt.

Damit belegt die jüngere ökonomische Forschung nur, was Schumpeter beobachtete: Anders als bei Marx ist es nicht der (ausbeuterische) Kapitalist, der über das Schicksal der (ausgebeuteten) Arbeiter entscheidet und den Kapitalismus unweigerlich seinem Untergang zuführt. Vielmehr ist es die Summe der Bedürfnisse der Menschen als »Wirtschaftssubjekte« und ihre je eigenen Entscheidungen, die die Wirtschaft weiterentwickeln und vorantreiben. Jede wirtschaftliche Entscheidung – des Unternehmers, des Arbeiters und des Konsumenten – misst sich allein am Kriterium der wirtschaftlichen Zweckmäßigkeit.

Unter diesem Gesichtspunkt erklärt Schumpeter die Unterscheidungen zwischen den Produktionsfaktoren Boden und Arbeit, zwischen produktiver und unproduktiver Arbeit, zwischen geistiger und körperlicher Arbeit, ja sogar zwischen qualifizierter und unqualifizierter Arbeit für hinfällig. Auch jene zwischen selbstständiger und Lohnarbeit oder zwischen leitender und geleiteter Arbeit ist überflüssig. Entscheidend für den wirtschaftlichen Prozess sei allein der Beitrag, den alle diese Faktoren zum wirtschaftlichen Ergebnis leisten.

Jede Arbeit, und sei sie noch so einfach, basiere auf dem gelernten »Was« und »Wie«. Diese können von unterschiedlicher Komplexität sein, bedürfen jedoch immer der Entscheidung des Einzelnen über die Art und Weise der Ausführung. Entsprechend der Bedürfnisse am Markt sind Tempo und Menge oder Innovation und Qualität oder luxuriöse Ausstattung gefragt. Es ist nicht der Unternehmer oder »der Kapitalist«, der »souverän« über die Produktionsmittel bestimmt. Vielmehr wird auch er von den Verhältnissen bestimmt.

Schumpeters Bild vom Menschen als »Wirtschaftssubjekt« ist von grundlegender Bedeutung. Seine einfache wie einleuchtende Erkenntnis lautet: »Der eigentliche Leiter [der Produktionsmittel und der Produktionsprozesse] ist der Konsument.«[17] Ein Unternehmen produziert, was der Konsument will. Tut es dies nicht, wird es vom Markt verschwinden. Das ist die der Ökonomie innewohnende Logik: Die Wirtschaft setzt sich keine Ziele, sie findet die Ziele vor: in den Bedürfnissen des Marktes, bestimmt durch die Bedürfnisse der Konsumenten.

Der bewusste Konsument

Eine Konsumkritik ist also angebracht. Als zuverlässigste Begleiterin der Kapitalismuskritik zielt sie jedoch auf »das System«, in dem der selbstbestimmte Konsument, der eine Wahl treffen kann und trifft, gar nicht vorgesehen ist. Ganz der marxistischen Logik verpflichtet, gibt es ihn lediglich als fremdbestimmtes, wehrloses Opfer des falschen Systems. Eine aktive und damit schuldfähige Täterschaft seitens des Konsumenten wird kategorisch ausgeschlossen.

Es waren Max Horkheimer und Theodor Adorno, die mit ihrer 1944 im amerikanischen Exil erstmals erschienenen *Dialektik der Aufklärung* ein eigentliches konsumkritisches Manifest vorlegten.[18] Geprägt von den Erfahrungen der Hölle des europäischen Faschismus und überwältigt von der kulturellen Macht der fortgeschrittenen Industrialisierung der Vereinigten Staaten war es ihnen unmöglich, *keinen* direkten Zusammenhang zwischen diesen beiden Formen der Massengesellschaft zu sehen. Die Massenkultur an sich war für sie bereits ein Zeichen des kulturellen Zerfalls, der Massenkonsum nur dessen sichtbarste Manifestation. In gut marxistischer Tradition erkannten die beiden Kulturkritiker im Konsumenten den nicht nur von seiner Arbeit, sondern nun auch von seinem Leben überhaupt entfremdeten Menschen, der dem immer unübersichtlicher werdenden Warenangebot schutzlos ausgeliefert ist. Sein Opferstatus ist umso tiefgreifender, als es sich im Zeitalter des Massenkonsums um künstlich hervorgerufene Bedürfnisse handelt, da die Grundbedürfnisse längst gedeckt sind. In ihrem Kulturpessimismus sehen Horkheimer und Adorno die Entwicklung notwendig in die Versklavung der Menschen durch den totalen Massenmarkt münden.

In die konsumkritische Tradition reiht sich auch die spätere These vom kulturellen Zerfall, der durch die sich ausbreitende Globalisierung zusätzlich verstärkt würde. Es war das Stichwort der »McDonaldisierung«, das zum Ausdruck bringen sollte, wie sehr die Welt durch den Kapitalismus homogenisiert wird und lokale und regionale Kulturen dem Untergang geweiht sind.

Keine dieser Prognosen hat sich bewahrheitet: Weder treffen Konsumenten keine eigene Wahl, noch kann angesichts eines zunehmend bewussten Konsums – von fairen, biologischen, regionalen, handgefertigten oder wie auch immer qualifizierten Waren und Dienstleistungen – von einem global vereinheitlichten Angebot gesprochen werden. Allen Unkenrufen zum Trotz brachte gerade der kapitalistisch getriebene Markt den bewussten Konsumenten überhaupt erst hervor: Er ist es, der wählen, entscheiden – und sich vieles leisten – kann.

Die treffendere Prognose zur Entwicklung des Konsums stammt von John Maynard Keynes. Er prophezeite, dass der steigende Wohlstand irgendwann zu einer Sinnentleerung führe, deren größte Herausforderung darin bestehe, wie der Mensch seine freie Zeit füllen und sein verfügbares Geld verwenden solle.[19] Keynes hatte recht – man betrachte etwa den gegenwärtigen Yoga-Boom. Wo Menschen schon alles haben, wenden sie sich vermehrt ihrem Inneren zu: Sie lernen Meditation, üben Achtsamkeit und betreiben Yoga. Der Markt reagiert darauf genau so, wie Schumpeter es prophezeite. Im Angebot sind nicht nur Kurse und Matten, sondern auch Shirts und Hosen, Apps und Retreats, Tee und Raumdürfte, Kerzen, Musik und vieles mehr.

Zur Realität des Konsums gehört jedoch auch, dass wir uns alle – vermutlich selbst die hartgesottenste Marxistin – ab und an dabei ertappen, Dinge zu kaufen, die wir gar nicht wirklich brauchen.[20] Wir kaufen sie, weil wir sie haben möchten – und sie uns leisten können. Diese Entwicklung zu verteufeln und einen Wachstumsstopp zu fordern, ist das eine. Aus der Not eine Tugend zu machen, das andere. Einen in diesem Sinne produktiven Ansatz legt der Soziologe Armin Nassehi vor. Er sieht den Konsum als Chance. Als »eingeübte Praxis«, die ästhetisch überzeugt und sich praktisch bewährt,[21] enthält sie ein Potenzial, das für die Lösung der Probleme der Gegenwart durchaus genutzt werden kann und auch genutzt wird. Man denke an die 17 Nachhaltigkeitsziele der UNO oder die gegenwärtig intensiv diskutierten ESG-Kriterien für den Kapitalmarkt: Wirtschaft und Politik arbeiten intensiv – und global – an einer Taxonomie, die es erlaubt, Kapitalströme und Konsumentscheidungen in eine nachhaltige Richtung zu lenken.

In diesem Sinne kann tatsächlich, wie von Nico Stehr vorgeschlagen, von einer »Moralisierung der Märkte«[22] gesprochen werden – von einer Entwicklung, die nicht nur einem Wohlstandsgewinn, sondern auch einem Wissensgewinn geschuldet ist. Was heute konsumiert wird, widerspiegelt ein zunehmendes Bewusstsein für die Auswirkungen der Produktion und des Handels auf Umwelt und Menschen, womit das Zusammenspiel angebotener und gekaufter Waren und Dienstleistungen zu einem sich selbst verstärkenden Prozess wird.

Das bedeutet nicht, dass der Preis nicht weiterhin ein, wenn nicht *das* entscheidende Kriterium darstellt. Selbst die junge Generation, die sich lautstark in den Dienst einer besseren Welt zu stellen vorgibt, Nachhaltigkeit zum einzig legitimen Zweck allen Handelns erklärt und fürs Klima auf die Straße geht, bekennt sich dazu, dass bei jeder Konsumentscheidung am Ende vor allem eines zählt: der Preis.[23]

Eine solche Haltung ist jedoch nichts anderes als ein weiteres Argument dafür, die externen (Umwelt- und Sozial-)Kosten einzupreisen, wo immer dies möglich ist. Eine solche ökonomische Korrektur muss allerdings – wie das Beispiel des Katalysators zeigt – von der Politik vorgenommen werden. Diese aber wird das nur tun, wenn sie von den Wählerinnen und Wählern dafür nicht abgestraft wird. Hierin liegt vermutlich die größte Herausforderung überhaupt: dass sich ein ökologisches Bewusstsein nicht in Lippenbekenntnissen erschöpft, sondern auch in einer entsprechenden Zahlungsbereitschaft (oder dem ebenso bewussten Verzicht) realisiert.

Wer also nicht nur die Natur retten, sondern auch mehr Menschen ein besseres Leben ermöglichen möchte, muss auf Wachstum setzen: ein Wachstum, das sich der ökologischen, sozialen und wirtschaftlichen Nachhaltigkeit verpflichtet.

In diesem Kontext sind auch jene Initiativen zu sehen, die sich um eine Ergänzung oder Erweiterung des BIP bemühen – etwa der Happy-Planet-Index, der Human-Development-Index oder auch der OECD-Better-Live-Index. Den jüngsten Vorschlag, angetrieben durch die Verwerfungen der Coronakrise, legt das WEF vor: ein »Dashboard«,[24] eine Art Cockpit für die neue Ökonomie, das die Gesellschaft, die Umwelt, die Prosperität und die Institutionen samt ihrer gegenseitigen Abhängigkeiten und Zielkonflikte in den Blick nimmt, das digitale Aktivitäten und auch die Pflegearbeit integriert, das Wachstumseffekte zwischen Hochlohn-, Schwellen- und Entwicklungsländern unterscheidet, das die Messung der Ungleichheit um eine Bewertung der sozialen Mobilität ergänzt und das neben der Arbeitslosigkeit auch Faktoren wie den sozialer Zusammenhalt, die Diversität, Inklusion und Befähigung integriert. Ein solches Instrument wäre ein Kompass für gesellschaftliche Diskussionen, politische Weichenstellungen und wirtschaftliche Investitionen – auf der Basis der Einsicht, dass nur wirtschaftliches Wachstum einen steigenden Wohlstand ermöglicht und sozialen Ausgleich finanziert.

VI Ein Recht auf Wachstum

Ist nicht die Natur unser Ideal? Mit ihren Pflanzen, die sich im jährlichen Zyklus der Jahreszeiten entfalten und wachsen, nach ausladender Blüte langsam absterben, um im Frühjahr aus eigener Kraft wieder sprießen zu können? Mit Tieren, die sich nur deshalb ausgiebig satt essen, um den Winterschlaf zu überstehen und danach mit frischen Kräften von Neuem zu erwachen?

Was so ansprechend klingt und ohne den Eingriff des Menschen geschieht, ist jedoch nicht einfach nur ein harmonisches Werden, Sein und Vergehen. Auch das natürliche

Wachstum unterliegt einer evolutionären Anpassung, die, wie Darwin zeigte, sehr wohl ihre brutalen Seiten hat. Die Natur selbst ist Schauplatz eines erbitterten Kampfs um Platz und Ressourcen, in dem Parasiten von den Kräften ihrer Wirte zehren, Raubtiere ihre kleineren Artgenossen jagen, sich die Schwachen vor ihrem »Fressfeind« in Schutz zu bringen versuchen und Fluchttiere einzig auf ihr Tempo vertrauen können. Was nicht überlebensfähig ist, wird getötet. Evolution besteht in der Fähigkeit zur Anpassung an die unwirtlichen Verhältnisse.

Das natürliche Wachstum unterscheidet sich damit nicht grundlegend von demjenigen des Menschen, der ebenfalls geboren wird, wächst, auswächst, altert und stirbt. Aber nicht nur für die Lebensspanne eines Individuums, sondern auch über Generationen hinweg bedeutet menschliches Wachstum Entwicklung, Entfaltung und Vorankommen. Dem äußeren, physischen Wachstum, das irgendwann seinen Höhepunkt erreicht, steht ein inneres gegenüber, das sich durch die Entwicklung der eigenen Persönlichkeit, der Entfaltung der eigenen Talente und den Gebrauch der in einer Person angelegten Fähigkeiten auszeichnet mit dem Ziel, ein erfülltes Leben zu führen und seinen Beitrag zum Ganzen zu leisten. Selbst erwachsene Menschen wollen weiter wachsen, innerlich und persönlich, sie möchten aus Erfahrungen klug und mit zunehmendem Wissen weiser werden.

Der Psychologe Abraham H. Maslow sprach in diesem Zusammenhang vom stetigen »Druck nach Selbstaktualisierung«, der den Menschen ebenso auszeichne wie seinen Drang dazu, seine Lebensumstände stetig zu verbessern.[25] Vom Ökonomen Richard G. Lipsey wird der Mensch als »durch und durch technologisch orientiertes Geschöpf«[26] beschrieben, dessen Erfindungsgeist keine Grenzen kennt. Von dieser Anpassungsleistung zeugen die ersten überaus effizienten Werkzeuge aus Stein; später war es das Feuer, heute sind es die erneuerbaren

Energien. Die fortführende Weitergabe dieses Wissens an die kommenden Generationen und deren stete Weiterentwicklung – eine der menschlichen Spezies vorbehaltene Eigenschaft – haben das Leben auf diesem Planeten sukzessive verbessert. Für eine Gesellschaft bedeutet dies Fortschritt: sozial, kulturell und technologisch. An die Stelle des harten Kampfs ums Überleben ist die sanfte Navigation durch die Annehmlichkeiten des zivilisierten Lebens getreten.

Noch aber sind nicht alle Menschen an diesem Punkt. Zwar sind in den vergangenen 20 Jahren rund eine Milliarde Menschen der Armut entwachsen. Sie stehen heute – der Name ist Programm – an der Schwelle zum Mittelstand und gehören damit zu jener sozialen Schicht, die sich ein angenehmeres Leben leisten kann, weil ein regelmäßiges Einkommen vorhanden, Gesundheit und Alter einigermaßen abgesichert und Bildung für die Kinder möglich sind. Keine Kampagne hat diese Entwicklung trefflicher illustriert als die Plakate der schweizerischen Entwicklungsorganisation Helvetas: Die Großmutter schöpfte Wasser aus dem Tümpel, die Mutter holte es vom Brunnen, die Tochter muss nur noch den Hahn andrehen; der Großvater hatte wenig zu ernten, der Vater erntete immerhin seinen eigenen Mais, der Sohn erntet die Früchte seiner Ausbildung.

Dass die Coronakrise fünf Jahre dieser Entwicklung zunichtegemacht haben soll, wie ein Bericht der Internationalen Arbeitsorganisation ILO berechnet,[27] verdeutlicht, wie groß der Aufholbedarf immer noch ist. Dass allein das Wirtschaftswachstum eine solche Entwicklung ermöglicht, dürfte inzwischen klar geworden sein. Empirische Evidenz gibt es inzwischen auch dazu, dass eine stringente Wachstumspolitik in Entwicklungs- und Schwellenländern die besseren Resultate erzielt als eine Sozialpolitik, die auf Ausgleich zielt. Ökonomen wie Dani Rodrik versprechen sich deshalb mehr von der Förderung des Unternehmertums als von finanzieller Unterstützung, weil nur so ein Arbeitsmarkt entsteht, der wiederum eine Voraussetzung für die Schaffung von Wohlstand ist.[28] Rodrik befürwortet sogar die Landflucht, weil Städte mehr Chancen bieten und den Aufstieg in besser bezahlte Tätigkeiten ermöglichen. Eine solche Entwicklung ist nicht zuletzt die Voraussetzung für die Finanzierung sozialer Institutionen, zu denen auch die Bildung gehört. Erst dadurch wird jene positive Entwicklung in Gang gesetzt, in der sich steigender Wohlstand und niedrigere Geburtenraten gegenseitig verstärken: Sinkende Geburtenraten ermöglichen einen steigenden Wohlstand, weil die Gewinne auf weniger Menschen verteilt werden müssen; und steigender Wohlstand ermöglicht mehr Investitionen in Erziehung und Bildung pro Kind.

Wer in einer derartigen Entwicklung nur eine weitere Schädigung der Umwelt befürchtet, sei auf die Umwelt-Kuznets-Kurve[29] verwiesen: Auf diesem Modell beruhende Berechnungen zeigen zwar auf, dass die fortschreitende Industrialisierung lange mit höheren Emissionen einherging, dass sich wohlhabendere Länder jedoch in Dienstleistungsgesellschaften verwandeln, wodurch ein Umweltbewusstsein überhaupt erst entstehen kann, das die Einleitung umweltpolitischer Maßnahmen erlaubt, womit die Emissionen wieder sinken. Entsprechende Entwicklungen können etwa für Japan, Frankreich oder Italien nachgewiesen werden.[30] Es ist dieses Wissen, das die Staatengemeinschaft auf den Klimagipfeln dazu drängt, in den Technologietransfer von ärmeren Ländern zu investieren. Dass auch hier den Worten noch nicht die notwendigen Taten und vor allem Gelder folgen, ist kein Grund, diesen Weg nicht weiterzugehen.

Wachstumspolitik ist Entwicklungspolitik, und Entwicklungspolitik ist Wachstumspolitik. Dieser Zusammenhang ist ökonomisch gegeben und moralisch geboten, damit wir auch den künftigen Herausforderungen gewachsen sind. Das gilt für die Entwicklungsländer ebenso wie für die Industrieländer. Die in den entwickelten Volkswirtschaften verbreitete Wachstumsfeindlichkeit kann im globalen Kontext somit nur als Luxusproblem verstanden werden. Es sollen alle Menschen dieser Erde die Chance haben, ein gutes Leben zu führen, und, damit verbunden, die Möglichkeit erhalten, zur Lösung der Probleme beizutragen.

Ob jemand Wachstum befürwortet oder nicht – auch das dürfte klar geworden sein –, ist im Kern eine Frage des Menschenbilds. Nur wer den Menschen als bloßes Opfer des (kapitalistischen) Systems ansieht, kann das Wachstum verteufeln – bleibt aber immer noch eine Erklärung dafür schuldig, warum gerade er oder sie selbst zu dieser Erkenntnis fähig ist, andere hingegen offenbar nicht. Wer hingegen dem Menschen zutraut – und dafür spricht alle Evidenz: der Geschichte, der Wirtschaft und des Wachstums –, Missstände zu erkennen und darauf in geeigneter Weise zu reagieren, muss auf Wachstum setzen und den menschlichen Geist.

Deshalb plädiere ich für ein Recht auf Wachstum: nicht als subjektiv einklagbarer und gerichtlich durchsetzbarer Anspruch auf Wohlstand, sondern – analog etwa dem »Recht auf Bildung« – als politisches Ziel. Ein Recht auf ökonomisches Wachstum ist dem politischen Recht auf freie Meinungsäußerung gleichzusetzen. Wie jenes formuliert es das Recht des Einzelnen auf seine persönliche Entfaltung und das Recht einer Gesellschaft auf ihre Entwicklung. Ein Recht auf Wachstum heißt, menschlich wie wirtschaftlich vorankommen zu dürfen. Joseph Stiglitz brachte diesen Zusammenhang auf den Punkt: »Was Bildung für den Einzelnen ist, ist Wachstum für eine Gesellschaft.«[31]

Sein Streben nach Glück – *orexis* und *eudaimonia* – macht den Menschen aus, seine Klugheit und Fertigkeit – *phronesis* und *techne* – sind seine spezifischen Vermögen. Sein Leben kann nur gelingen, wenn er seinen Erfindungsgeist entfalten und seinem Entwicklungsdrang folgen kann. Ob wir Wachstum befürworten oder nicht, entscheidet sich am Ende daran, ob wir uns in diesem Geist und Streben wiedererkennen oder nicht. Die Geschichte gibt uns keinen Anlass, dies nicht zu tun.

Niko Paech: Wirtschaftswachstum als essentielle Bedrohung

Einführung

Und das ist es, was man sich im Zeitalter des Gigantismus vor Augen halten muss: die wirklich revolutionäre Alternative zu Kapitalismus, Imperialismus, Kommunismus, Nationalismus – zu Schwarz, Rot, Blau oder Braun – ist nicht Grün, sondern KLEIN.

Leopold Kohr

Der folgenreichste Irrtum, in den sich die menschliche Zivilisation jemals verrannt hat, entstammt nicht etwa grauer, von Aberglauben und Unaufgeklärtheit geprägter Vorzeit, sondern ist eine Kopfgeburt der Moderne, also eines Zeitalters der bedingungslosen Fortschrittsgläubigkeit. Demnach sei es möglich, durch Wissensvermehrung, Innovationskraft und technologische Perfektion aus dem materiellen Nichts einen Wohlstand zu erschaffen, der wundersamerweise selbst alles andere als immateriell ist.

Was derlei Allmachtsphantasien, die sich in Narrativen wie dem vom vermeintlichen Produktivitätszuwachs widerspiegeln, lange überdauern ließ, ist ein simples Faktum. Die komplexe Mitwelt verfügt über viele Pufferkapazitäten, zeitigt immense Verzögerungseffekte, physische Umwandlungen sowie räumliche Verlagerungen, hinter denen sich jene Effekte verbergen lassen, die von technisch-industriellen Prozessen ausgelöst werden. Die räumliche Verteilung ökologischer Ursache-Wirkungs-Beziehungen überfordert nicht nur die menschliche Wahrnehmungsfähigkeit, sondern erschwert eine empirische Erfassung der Nebenwirkungen des modernen Lebensstils. So ließ sich leicht darüber hinwegtäuschen, dass ökonomischer Fortschritt seit Anbruch der ersten industriellen Revolution nichts anderes als Raubbau sein konnte, somit früher oder später in Chaos umschlagen würde, wenn die Substanz, von der er zehrt, unwiederbringlich verbraucht ist.

Infolge einer besinnungslosen Ausrichtung an Wachstum und Technisierung hat die menschliche Zivilisation binnen kürzester Zeit ihre ökologische Überlebensfähigkeit eingebüßt. Von einem Mangel an Korrekturversuchen kann indes keine Rede sein. Allerdings unterwirft sich deren Gros einer strukturkonformen Logik, die zumeist als »ökologische Modernisierung«, »Green Growth« oder »Green (New) Deal« bezeichnet wird. In ihr offenbart sich eine vorgeblich geläuterte, nunmehr »nachhaltige« Steigerungsvariante, die zeitgenössischen Konsumgesellschaften als Alibi dafür dient, überfällige Anspruchsmäßigungen als unnötig zurückzuweisen.

Tüchtiger Innovationseifer, so lautet das Credo, werde einen Wirbelwind an technologischen Problemlösungen heraufziehen lassen, der alle Nachhaltigkeitsdefizite vorangegangener Innovationswellen rückstandslos wegoptimiert, ohne den Insassen der Komfortzonen zumuten zu müssen, ihre Handlungen reduktiv zu ändern. Aber lassen sich die Folgen früherer Modernisierungsrisiken durch das Eingehen weiterer Risiken tilgen? Kann Feuer mit Benzin gelöscht werden? Interessanterweise sind es gerade viele der fieberhaft entwickelten Effizienz-, Energiewende- oder Kreislauf-Lösungen, die den materiellen Raubbau sogar intensivieren, indem sie bislang verschont gebliebene Naturgüter und Landschaftsbestandteile einer »grünen«, nichtsdestotrotz industriellen Verwertung zuführen. Dies zeigt beispielsweise der geplante Windkraftausbau im Odenwald, der dessen vollständigen landschaftlichen Zerstörung gleichkäme, genauso eindrucksvoll wie die Tesla-Ansiedlung im brandenburgischen Grünheide, die Lithium-Förderung in Bolivien, die Neodym-Gewinnung in China, die Elektroschrott-

Lawine, die sich über den afrikanischen Kontinent ergießt, oder die Wasserkraftprojekte in Brasilien, Island oder der Türkei.

Neben ökologischen Grenzen, die sich unüberwindbarer als je zuvor darstellen, decken die Lehman-Brothers- und die Coronakrise ökonomische Sollbruchstellen einer außer Kontrolle geratenen, zunehmend einsturzgefährdeten Wohlstandsarchitektur auf. Damit wird der Nachhaltigkeitsdiskurs um einen vormals kaum beachteten Aspekt erweitert: Resilienz als Fähigkeit der Gesellschaft, der Ökonomie, eines technischen oder sozialen Systems oder auch eines Individuums, (externe) Störungen zu verarbeiten, ohne die Überlebens- und originäre Funktionsfähigkeit zu verlieren. Eine dritte Fortschrittsblase, die ebenfalls geplatzt ist, betrifft den Zusammenhang zwischen der durchschnittlichen Lebenszufriedenheit und dem Ausmaß an verfügbaren Konsum-, Mobilitäts- und Technikoptionen. Längst ist von einer überforderten oder erschöpften Gesellschaft die Rede.[1]

Allerdings formieren sich inzwischen wachstumsskeptische Positionen unter Bezeichnungen wie »Bio Economy«[2], »Steady State«[3], »Degrowth«[4], »Décroissance«[5], »Decrescita«[6] oder »Postwachstumsökonomie«[7]. Sie widmen sich genügsamen Versorgungsformen und Lebensstilen, die das Ziel der ökologischen Überlebensfähigkeit mit jenem der Resilienz und einer erstrebenswerten Lebensqualität koppeln. Als kritische Wissenschaftsdisziplin, die sich diverser Theoriezugänge bedient, ist daraus die Postwachstumsökonomik hervorgegangen. Sie stützt sich auf die Gesetze der Thermodynamik und bildet einen Bereich der Pluralen Ökonomik.

Die Postwachstumsökonomik verneint eine systematische Vermehrbarkeit materieller Handlungsspielräume im endlichen System Erde: Jedes Mehr an materiellen Freiheiten wird zwangsläufig mit einem Verlust an nutzbaren Ressourcen und einer Zunahme ökologischer Schäden erkauft. Dies untermauert die Einsicht, dass ein sozial gerechter Zustand nur erreicht werden kann, wenn akzeptiert wird, dass die verfügbare Verteilungsmasse begrenzt ist. Denn wenn alles, was aus industrieller Spezialisierung resultiert, grundsätzlich nicht ohne ökologische Plünderung zu haben ist, bedarf der darauf gründende Wohlstand einer Begrenzung.

Gleichwohl halten ausnahmslos alle politischen Kräfte trotz einer sich dramatisch verschärfenden Umweltkrise, insbesondere den Klimawandel und den Schwund an Biodiversität betreffend, am Wachstumsdogma fest. Begründet wird dies damit, dass es längst möglich sei, Wachstum in ökologisch harmlose Bahnen zu lenken. Im Folgenden sollen die Versuche dekonstruiert werden, Wirtschaftswachstum durch eine Umlenkung oder Entkopplung von seiner materiellen Substanz dergestalt zu transformieren, dass es sich als nunmehr »qualitatives« bzw. »grünes« Wachstum weiterhin legitimieren ließe. Sodann werden die Konturen der Postwachstumsökonomie in den Blick genommen.

I Lässt sich Wachstum durch Umsteuerung entschärfen?

Die Kontroverse zwischen Befürwortern eines »qualitativen« oder »grünen« Wachstums auf der einen und wachstumskritischen Positionen auf der anderen Seite kreist zuvorderst um die Frage, ob es systematisch gelingen kann, Zuwächse des Bruttoinlandsproduktes (BIP) von ökologischen Schäden zu entkoppeln. Das Bruttoinlandsprodukt fasst die jährliche Produktion an Gütern innerhalb einer Volkswirtschaft zusammen und fungiert als Maß für das (materielle) Wohlergehen einer Gesellschaft, seine Steigerung ist folglich das Ziel jeglicher Wirtschaftspolitik. Bereits Nordhaus und Tobin hatten eine Debatte darüber entfacht, ob sich das BIP überhaupt als Maßstab für Lebensqualität eignet, zumal es Wertschöpfungsbeiträge enthält, deren wohlfahrtsmindernder Charakter nicht bezweifelt wird.[8] Dazu zählen Aufwendungen für die Beseitigung jener Schäden, die mit der industriellen Lebensweise einhergehen: Unfälle, Erkrankungen und der Verschleiß von Kapitalgütern. Unberücksichtigt bleiben überdies die Aufzehrung knapper ökologischer Assimilationskapazitäten und Ressourcen, Verteilungsdisparitäten in Bezug auf Einkommen und Vermögen sowie andere Dimensionen menschlichen Wohlergehens. Dies hat zu einer Flut an alternativen Wohlfahrtsmaßen und Indikatorsystemen geführt, um diese konzeptionellen Mängel des BIP zu beseitigen.

Warum ist es elementar, sich mit diesen Ansätzen aus wachstumskritischer Perspektive auseinanderzusetzen? Erstens: Der Nachhaltigkeitsdiskurs ist seit jeher von der Hoffnung geprägt, dass genau dann, wenn sich Regierungen nicht mehr am Bruttoinlandsprodukt, sondern an »fehlerbereinigten« Zielvorgaben orientierten, weiteres Wachstum auf unproblematische Weise die Lebensqualität erhöht. Zweitens: Tatsächlich ist das Gros alternativer Wohlfahrtsnormen und -ideale längst in die Begründungsmuster demokratischer Politikprogramme eingesickert – aber mit welchem Effekt?

Qualitatives Wachstum und alternative Wohlfahrtsmaße

Wichtige Meilensteine in der Entwicklung von Wohlfahrtsindikatoren, die konsistenter als das BIP abbilden, was sich unter Lebensqualität oder gesellschaftlichem Wohlergehen verstehen lässt, sind der »Measure of Welfare«[9], der »Index of Sustainable Economic Welfare«[10], das »Sustainable National Income«[11], der seit 1990 erhobene »Human Developement Index«[12], der »Happy Planet Index«[13], der »Nationale Wohlfahrtsindex«[14] oder das »Wohlstandsquintett«[15]. Die Debatte um ein adäquates Zielsystem jenseits des BIP wird in regelmäßigen Abständen aufs Neue, aber nur in leicht gewandelter Form belebt. Aufsehen erregten die von der französischen Regierung initiierte Commission on the Measurement of Economic Performance and Social Progress (CMEPSP), auch oft als »Stiglitz-Sen-Fitoussi-Kommission«[16] bezeichnet, das in Bhutan entwickelte »Bruttonationalglück«[17] oder der Schlussbericht der Enquete-Kommission des Deutschen Bundestages »Wachstum, Wohlstand, Lebensqualität«.[18]

Derlei Konzepte gründen zumeist darauf, BIP-Bestandteile, die defensiven Ausgaben entsprechen, als wohlfahrtsmindernd zu subtrahieren. Umgekehrt sollen wohlfahrtssteigernde Faktoren einfließen, die vom BIP systematisch vernachlässigt werden. Bei Letzteren handelt es sich um tendenziell immaterielle Werte, öffentliche Güter oder Zustandsbeschreibungen, beispielsweise körperliche Unversehrtheit, Gerechtigkeit, Freiheit, Bildung, Schutz vor Gewalt und Kriminalität, Vollbeschäftigung, Freizeit, Solidarität, Emanzipation, Anerkennung, sinnstiftende Betätigungen, eine intakte Mitwelt et cetera. Derartige Abstraktionen lassen sich nur schwer monetisieren und sind daher kaum marktfähig. Sie verweisen auf eine Debatte, die bereits von antiken Philosophen geführt wurde: Worin bestehen das »wahre« Lebensglück und die »echte« Erfüllung oder Sinnstiftung menschlichen Daseins? An die Idee eines »guten Lebens für alle« jenseits nord-westlicher Entwicklungskonzepte knüpft auch das aus Lateinamerika stammende Konzept des »Buen Vivir« an.[19]

Skidelsky und Skidelsky haben versucht, diese Debatte zu strukturieren, indem sie auf »universelle Basisgüter« verweisen: Gesundheit, Sicherheit, Respekt, Persönlichkeit, Harmonie mit der Natur sowie Freundschaft.[20] Ähnlich mehrdimensional ist der von Sen vorgeschlagene »Capability Approach«.[21] Dieser bemisst Lebensqualität an menschlicher Freiheit, die wiederum auf konstitutive (um ihrer selbst willen wünschenswerten) und instrumentelle Komponenten stützt. Bei den Letzteren handelt es sich um (1) politische Freiheiten, (2) ökonomische Institutionen, (3) soziale Chancen, (4) Transparenzgarantien und (5) soziale Sicherheit.[22] Die von einem Menschen tatsächlich realisierten Zustände und Tätigkeiten nennt Sen »Funktionen«. Aber das Wohlbefinden hängt nicht nur von diesen ab, sondern von »Verwirklichungschancen«, nämlich der Freiheit, »unterschiedliche Lebensstile zu realisieren«.[23] Die Menge der Verwirklichungschancen entspricht einer Palette an Funktionen, zwischen denen ein Individuum wählen kann. Sie wird nicht als statisch betrachtet, sondern sei begleitend zur gesellschaftlichen Entwicklung stetig neu zu verhandeln. Eng angelehnt daran hat Nussbaum ihr Konzept der »Grundfähigkeiten«[24] entwickelt, das auf die Würde des Menschen zielt. Hierzu seien zehn verallgemeinerbare Fähigkeiten vonnöten. Sie vertritt damit im Gegensatz zu Sen eine eher objektive Theorie des Wohlergehens. Auch die von den Vereinten Nationen entwickelten »SDGs« (Sustainable Development Goals) lassen sich dem Kontext einer progressiven Neuorientierung gesellschaftlicher Zielsysteme zuordnen.[25]

Den meisten alternativen Wohlfahrtskonzepten ist gemein, dass sie sich auf humanistische Normen im weitesten Sinne stützen. Damit verliert Wirtschaftswachstum, das üblicherweise mit BIP-Zuwächsen assoziiert wird, seinen Zielcharakter, dient lediglich noch als Mittel im Dienst neu definierter Wohlfahrtsziele. Orientierte sich die Politik an derartigen Konzepten, so die darauf gründende Hoffnung, könnte eine hohe Lebensqualität erlangt werden, die weitestgehend frei von ökologischen Schäden und materiellen Abhängigkeiten wäre. Zu hinterfragen sei demnach nicht, *ob* gewachsen werden soll, sondern nur, *was* und *wie* auf unschädliche Weise wachsen möge.[26] Die Vision, das tief ins moderne Fundament eingravierte »Steigerungsprinzip«[27] jenseits physischer Grenzen fortsetzen zu können, indem es lediglich in eine andere Richtung gelenkt wird, legt den Grundstein des »selektiven«[28], »qualitativen«[29], später »grünen«[30] Wachstums oder neuerdings des »Green (New) Deal«.[31]

Veränderte Zielausrichtungen, die mit menschlichem Wohlbefinden zuverlässiger korrelieren als das BIP, mögen durchaus sinnvoll sein. Zu klären bleibt allerdings, ob sich das Wachstumsproblem dadurch lösen oder nur auf eine andere Ebene verlagern lässt – wird am Ende bloß eine »bessere« Zielgröße vor den Karren einer ansonsten ungebremsten Expansionsdynamik gespannt? Zudem offenbart sich darin ein fragwürdiger Steuerungsoptimismus, getragen von der Auffassung, dass der Konflikt zwischen Ökologie und (wachsender) Ökonomie lediglich auf einem Missverständnis beruhe, das sich durch einen anderen Kompass auf dem politischen Armaturenbrett korrigieren ließe. Aber Wirtschaftswachstum resultiert nicht nur aus Rahmensetzungen oder Planungen als vielmehr aus autonomen einzelwirtschaftlichen Entscheidungen. Der Einfluss, den politische Instanzen in einer zunehmend neoliberalen und globalisierten Spätmoderne darauf nehmen können, schwindet. Dies gilt umso mehr, je deutlicher das politische Gestaltungsvermögen durch eine vormals nicht für möglich gehaltene unternehmerische Machtkonzentration unterminiert wird.[32]

Von der Zielerreichung zur Messung des Mitteleinsatzes

Auch wenn materielle Güter und Ressourcen nicht mehr als Selbstzweck, sondern nur als Mittel zur Erlangung einer hohen Lebensqualität gelten, ist keineswegs auszuschließen, dass der korrespondierende Entwicklungsprozess weiterhin auf quantitativem Wachstum beruht. Denn welche rein qualitativen Werte könnten so beschaffen sein, dass sie sich ohne physischen Aufwand beständig erhöhen lassen? Welche anderen als materiell-ökonomische Mittel vermögen menschliches Wohlergehen kontinuierlich zu steigern? Daran knüpft eine zweite Frage an: Kann dieses gewisse Etwas, das angeblich entmaterialisiert ist und wahlweise als Lebensqualität, Freiheit, Wohlergehen, Wohlfahrt, Zufriedenheit oder zuweilen auch als menschliches Glück bezeichnet wird, in seiner Wirkung auf den Menschen überhaupt grenzenlos wachsen?

Angenommen, die Angehörigen zweier Personengruppen A und B bekunden unabhängig voneinander, mit ihrer Lebensqualität vollkommen zufrieden zu sein. Nun behauptet ein Beobachter, Gruppe A sei im Vergleich zu Gruppe B durchschnittlich zufriedener. Wie ließe sich dies begründen? Personen aus Gruppe A könnten infolge bestimmter Persönlichkeitsmerkmale (Psyche, körperliche Verfassung, Präferenzen, Intelligenz, handwerkliche oder künstlerische Begabung) befähigt sein, sich ihrer aktuellen Situation besser anzupassen oder daraus mehr eigene Entwicklungsmöglichkeiten zu schöpfen als Personen aus Gruppe B. In diesem Fall ließe sich kaum eine Handlungsoption ableiten, um Personen aus Gruppe B auf ein höheres Zufriedenheitsniveau zu befördern. Also entfielen weitere Wachstumsgründe. Liefe die Begründung hingegen darauf hinaus, dass die Gruppen mit unterschiedlichen Lebenssituationen konfrontiert sind, etwa bezogen auf Konsum, Mobilität, Bildung, Gesundheit, Sicherheit, lebenserleichternde Technologien, öffentliche Infrastrukturen et cetera, ergäben sich objektivierbare und messbare Kriterien, an denen sich eine wohlfahrtssteigernde Politik orientieren könnte. Aber damit würde sich der Erfolgsmaßstab auf die Ebene quantitativer Mittel verlagern, die alles andere als entmaterialisiert sind.

Um zwei der oben genannten Basisgüter als Beispiele heranzuziehen: Erhöhte Sicherheit – ein bei isolierter Betrachtung und hinsichtlich seiner Wirkung durchaus immaterielles Gut – ließe sich nur kontinuierlich steigern, wenn entsprechende Mittel aufgewendet würden: Es wäre verstärkt in die Polizei, Streitkräfte, Waffensysteme, Planung, Sicherheitstechnologien, Digitalisierung nebst dahinter befindlichen Infrastrukturen und Produktionskapazitäten zu investieren. Nichts davon ist entmaterialisiert. Ähnliches gilt für das zweite Beispiel. Erhöhte Gesundheit wäre konkret messbar an der medizinischen Versorgung: mehr Krankenhäuser, medizinische Einrichtungen, technische Ausstattungen, Arzt- und Therapiepraxen, Medikamente, Ausbildungsstätten, verbunden mit ressourcenschwerer Logistik und Infrastrukturen – auch von diesen Mitteln schwebt nichts im materielosen Äther. Durch Qualitätsziele wird quantitatives Wachstum nicht vermieden, sondern lediglich von einer Ebene der Zwecke, die nun mit immateriell anmutenden Begriffen bestückt ist, auf eine darunter, dahinter oder entfernt liegende Mittelebene verlagert. Die Debatte um alternative Wachstumsziele jenseits des BIP hätte sich damit nur einmal mehr im Kreis gedreht und stünde wieder vor dem Ausgangsproblem, nämlich dass nicht materielos sein kann, was sich permanent steigern lässt.

Überdies werden damit anstelle eines unvermeidbar unscharfen Begriffs von Lebensqualität die zu deren Zweck unternommenen Anstrengungen zum eigentlichen Bewertungsmaßstab. Deren quantitativer, also messbarer Zuwachs lässt sich Wählern und Konsumenten leicht als Fortschritt vermitteln. Die angeblich mitwachsende Wohlfahrt wird zu einer Mischung aus sozialer Konstruktion und sich selbst erfüllender Erwartung, da sie nicht direkt, sondern nur anhand der ihr dienenden Mittel sichtbar sind. Diese Zweck-Mittel-Verlagerung ebnet den Weg für nie endende Wachstumsbestrebungen: Wenn als Beweis für eine gestiegene Lebensqualität das Wachstum des Mittelaufwands genügt, kann dieser grenzenlos expandieren, nämlich durch sich selbst wie in einem tautologischen Zirkelschluss. So gilt etwa in der Bildungspolitik die Summe der Investitionen, um Schulen zu digitalisieren, als Erfolgsindikator; dass damit die Bildungsqualität tatsächlich wächst, wird blind unterstellt. Als Maßstab für Klimaschutz gilt die Kapazität an Windkraft- und Solaranlagen; dass diese zu hinreichenden CO_2-Reduktionen beiträgt, wird unhinterfragt angenommen.

Je stärker auf abstrakte Normen einer zu steigernden Lebensqualität fokussiert wird, die durch kaum minder dehnbare Inhalte von Basisgütern und Befähigungen generiert werden, desto leichter lassen sich ständig neue Mittel ersinnen und damit begründen, dass sie derartigen Zwecken dienen. So gelingt es, beliebige Erweiterungen des technischen, ökonomischen oder medizinischen Mittelarsenals, um die niemand gebeten hat, per se als Fortschritt zu deklarieren. Um abermals das obige Basisgut zu bemühen: Mittlerweile ist der Übergang zwischen Gesundheit und einer Optimierung des menschlichen Körpers ebenso fließend wie jener zwischen Bedarfsdeckung und -weckung. Die hier wuchernden Innovationen reichen von Vorsorge- und Prophylaxe-Angeboten, neuen Medikamenten, Behandlungsmethoden und medizinischen Technologien, Forschungseinrichtungen, Therapien, Schönheitsoperationen, Geschlechtsumwandlungen, Wellness- und Fitness-Programmen, Kuren, Kosmetik, Piercings, Tattoos, der Umprogrammierung des angeborenen Immunsystems bis zur Implantation von Hardware-Elementen, um Schnittstellen zwischen Körper und digitalen Systeme zu schaffen.

Vergleichbare Innovationsprozesse – oder besser: Innovations*exzesse* – bewegen sich im Sog sonstiger Basisgüter oder Befähigungen. Selbstredend wirken sie geläutert gegenüber einem überkommenen Ökonomieantlitz, das von rauchenden Fabrikschornsteinen und fossiler Energie geprägt war, geben sich »smart«, tragen oft den Zusatz »4.0« und wollen in eine vermeintlich postindustrielle Dienstleistungs-, Erlebnis-, Informations-, Wissens- oder gar Sinngesellschaft überleiten. Derartige Leitbilder, die sich vorgeblich näher am Wohl des Menschen verorten, erschaffen Beweggründe für einen Strukturwandel, der zweifelsohne über die bisherige BIP-Logik hinausreicht. Aktuell begründen die Digitalisierung, Nanotechnologie, Gentechnologie, erneuerbare Energieträger sowie ein ausufernder Bildungs- und Dienstleistungssektor die Hoffnungen auf gesellschaftliche Qualitätssprünge.[34]

Die Invasion einer neuen Wachstumsphysik

Was haben diese technologischen und ökonomischen Paradigmen gemein, außer dass sie – äußerlich betrachtet – mit einem Nimbus des Immateriellen umgeben sind? Sie verhelfen dazu, mit veränderten Mitteln eine Wachstumsdynamik fortzusetzen, deren bisherige Ausbreitungsrichtung zunehmend an geographische und physische Barrieren stößt. Sie liefern die Basis für ein neues Ausdehnungsprinzip, das darauf beruht, tiefer in die bereits okkupierten Dimensionen einzudringen oder deren Struktur dichter zu besetzen, um sie intensiver ausschöpfen zu können. Dies betrifft (a) den geographischen Raum, (b) materielle Objekte, (c) die menschliche Lebensspanne sowie (d) die menschliche Zelle.

Ad (a) Landschaften und Naturräume, die bisherigen Industrialisierungswellen standhielten, lassen sich durch Anlagen zur Nutzung erneuerbarer Energieträger technisch nachverdichten und somit in eine verwertbare Ressource transformieren. Auf einem vergleichbaren Prinzip basiert die elektromagnetische Strahlung, mit der Mobilfunknetze den bereits erschlossenen Raum nochmals ökonomisch profitabel durchdringen.

Ad (b) Digitale Konnektivität, basierend auf künstlicher Intelligenz, allgegenwärtiger Sensorik, einem Internet der Dinge, neuen Robotik-Entwicklungen, Assistenz-Systemen, Mensch-Maschine-Interaktionen, Augmented-Reality-Applikationen et cetera, infiltriert und ordnet die Sphäre der materiellen, nunmehr effizient interagierenden Objekte.

Ad (c) Der »Customer Lifetime Value« korrespondiert mit den Umsätzen, die während des Konsumentenlebens eines Menschen erzielt werden können. Er lässt sich dadurch erhöhen, dass systematisch nach bislang kommerziell unbesetzten Zeitabschnitten im Leben eines Verbrauchers gesucht wird, um diese mit weiteren Dienstleistungen und Bildungsangeboten zu besetzen oder die pro Zeiteinheit parallel in Anspruch genommenen Dienstleistungen noch höher aufzuschichten.

Ad (d) Gentechnologisch erzeugte mRNA-Präparate, deren Durchbruch sich der Covid-19-Pandemie verdankt, übertragen eine genetische Information, um den Aufbau eines bestimmten Proteins im Innern der Zelle auszulösen. Dabei gelangt eine zweite Technologie zum Einsatz, nämlich Lipid-Nanopartikel, die den Impfstoff umhüllen, um ihn zu stabilisieren. Dieser Zugriff auf die zellulare Dimension des Körpers eröffnet bis dato ungeahnte Verwertungsoptionen, die absehbar einen neuen pharmazeutischen Industriekomplex entstehen lassen. Maßgeschneiderte Medikamente, Impfcocktails oder Präzisions-Gentherapien, nötigenfalls abgestimmt auf jedes einzelne Individuum, können nunmehr zur Normalität reifen. Vermittels einer (Um-)Programmierung menschlicher Zellen sollen sich Erkrankungen wie Krebs, Multiple Sklerose, Pfeiffersches Drüsenfieber, Herpes, Gürtelrose, Demenz, Herzinfarkt et cetera heilen lassen. Wenn es neuerdings möglich ist, sich gegen jegliche Leiden impfen zu lassen, wird nicht einfach nur die Reichweite medizinischer Wirkungen im bio-physischen Sinne erweitert. Vielmehr leitet sich daraus ein neuer, fortwährend leicht steigerbarer Vorsorgeimperativ und -standard ab. Die damit mobilisierte Steigerungsspirale, ausgehend von einer gen- und nanotechnologischen Optimierung des menschlichen Körpers, könnte sich schrittweise den Konturen einer transhumanen Existenz nähern.

Ganz in diesem Sinne forcieren spezialisierte Industrien, eng verzahnt mit Politik, Wissenschaft und Medien, innovative Problemlösungen, deren Materialität sich von bisherigen Wachstumsstrategien nur dadurch unterscheidet, dass sie nach innen gerichtet ist. Die invasive Durchdringung aller belebten und unbelebten Materie, welche sich dadurch noch kondensierter verwerten lässt, verbirgt sich jenseits der Grenze dessen, was menschliche Sinnesorgane zu erfassen vermögen. »Smartes« Qualitätswachstum appelliert an die Naivität, alles für harmlos zu halten, was keine augenscheinlich zerstörerische Kulisse erzeugt, ganz gleich wie unkontrollierbar und risikobehaftet die interzellularen Wucherungen und Nachverdichtungen auch sein mögen. Die Verzweigungen dieses Labyrinths können hier nur angedeutet werden.

1. Welche global verteilten, gegebenenfalls ressourcenintensiven Liefer- und Produktionsketten verbergen sich hinter einem Output, der isoliert betrachtet dienstleistungsförmig, informationsbasiert, erneuerbar oder »smart« erscheint?
2. Führt die physikalische und biochemische Eingriffstiefe, mit der das Qualitätswachstum erkauft wird, möglicherweise zu einer Kumulation oder Verschärfung ohnehin kaum zu bewältigender Modernisierungsrisiken?
3. Selbst wenn die ökonomischen Resultate eines qualitativen Wachstums im Vergleich zu derzeitigen Entwicklungsmustern nachhaltiger sind, ersetzen sie dann die Letzteren oder werden sie schlicht addiert? Je bahnbrechender die Innovationen sind, desto unwahrscheinlich ist es, dass sie bestehende Prozesse und Artefakte ersetzen. Smartphones lassen weder einen SUV noch eine Bratwurst überflüssig werden. Innovationen im medizinischen Bereich auf Basis der mRNA-Technologie senken weder den Bedarf an Textilien noch an Reisetätigkeiten. Wenn aber die Neuerungen nur hinzugefügt werden, ergibt sich keine materielle Entlastung, sondern zusätzliche Belastung der Ökosphäre.
4. Mancher innovative Kurswechsel, der sich vordergründig auf immaterielle Weise Lebensqualität steigernd auszuwirken scheint, verzeichnet immense indirekte Effekte. Dies betrifft insbesondere die Digitalisierung. Es dürfte sich keine öko-

logisch ruinöse Entwicklung finden lassen, die nicht durch digitale Kommunikationskanäle potenziert worden wäre, ganz zu schweigen von jenen, die durch sie überhaupt erst entstanden sind.

Qualitatives beschleunigt quantitatives Wachstum

Für viele auf menschliches Wohlergehen gerichtete Entwicklungsmuster, die sich in ihrer konkreten Umsetzung als verkleidetes quantitatives Wachstum entpuppen, lassen sich keine unanfechtbareren Legitimationen auffahren als jene, die qualitativen Wohlfahrtsnormen entlehnt sind. Am Ende tragen die Elbphilharmonie, Stuttgart 21, die Rodung des Dannenröder Forstes zugunsten des Weiterbaus der A 49, das 5G-Netz, die Subventionierung des Flugverkehrs, die Digitalisierung jedes Kinderzimmers, die Auswüchse des Bildungs- und Hochschulbereichs, der wahnhaft forcierte Zuwachs an Wohnraum, Agrarsubventionen, die Impfung der Weltbevölkerung, eine Kontamination der Innenstädte mit E-Scootern et cetera wahlweise zur Freiheit, Gerechtigkeit, Inklusion, Freundschaft, Sicherheit, Persönlichkeitsentwicklung oder gar Gesundheit bei.

Je unschärfer und politisch elastischer die Letztbegründungen, desto beliebiger können die Maßnahmen sein, die sich unter Berufung auf sie ergreifen lassen. Deshalb eignen sich alternative Wohlfahrtskonzepte umstandslos, um Argumentationslücken bei der Durchsetzung weiteren quantitativen Wachstums zu schließen. Denn altertümliche Begründungsfiguren, basierend auf direkter materieller Knappheit, verfangen nicht mehr. Jedenfalls dürfte sich weiteres Produktionswachstum in Deutschland kaum noch mit einem Mangel an Waschmaschinen, Kühlschränken, Autos oder Kartoffeln rechtfertigen lassen. Längst vollzogen hat sich der Übergang von der Mangel- zur Überflussgesellschaft.[35] Damit einhergehend wandelten sich gesellschaftliche Normen: Anstelle des Strebens nach beruflichem Fortkommen und einer Sicherung ökonomischer Grundbedürfnisse griff eine Selbstverwirklichungsrevolution um sich. Nicht mehr Einordnung und Pflichterfüllung, sondern individualistische Orientierungen bestimmen seither die Alltagskultur.[36] Somit musste auch der normative Überbau, mit dem sich weiteres Wirtschaftswachstum legitimieren lässt, angepasst werden. Es dürfte kein Zufall sein, dass der Diskurs um nunmehr qualitative oder »smarte« Wachstumshorizonte nahezu synchron mit diesem Kulturwandel einsetzte.

Die Erfindung des qualitativen, grünen oder gar »intelligenten«[37] Wachstums ist somit nicht notwendigerweise als Reaktion auf die Wachstumskritik der siebziger Jahre zu verstehen, sondern wäre ohnehin notwendig geworden, um das Versiegen einer Expansionsdynamik abzuwenden, deren bisherige Rechtfertigung ausgedient hat. Als überzeugender erweist sich seither eine Berufung auf Qualitäten, die sich mit Freiheit, Gerechtigkeit, Teilhabe, Inklusion und anderen moralisch anspruchsvollen oder emanzipatorischen Idealen verbinden lassen. Damit wird einem weiterhin materiellen Wachstumskurs ein immaterieller Begründungszusammenhang vorgeschaltet. Aber physisch relevante Vorgänge lediglich einem Statuswechsel zu unterziehen, nämlich vom Zweck zum Mittel, ändert nichts an dessen Wirkung.

Exemplarisch dafür sind nicht nur die Digitalisierungsexzesse, Materialschlachten im Bildungs- und Gesundheitssystem oder eine ausufernde globale Mobilität, sondern sogar ein permanent neu entdeckter Wohnraummangel inmitten des zugebauten Europas. Dessen Brisanz wird in Politik und Medien fortwährend auf höchster Alarmstufe proklamiert, obwohl sich der pro Kopf beanspruchte Wohnraum in Deutschland seit Mitte der fünfziger Jahre mehr als verdreifacht hat, zudem in jeder denkbaren Hinsicht aufgewertet wurde und obendrein eklatante Leerstände auffallen. Wer dem behaupteten Wohnraumbedarf unter Rückgriff auf dieses Faktum widerspricht, läuft Gefahr, als »unsozial« zu gelten. Anstelle eines physischen Mangels, der sich objektiv kaum begründen ließe, wird ein sozialpolitisches Konstrukt bemüht. Dieses stützt sich darauf, hinreichend erschwinglichen Wohnraum in den Metropolen als Mittel der individuellen Freiheit, gerechten Teilhabe oder Befähigung zur persönlichen Entfaltung zu betrachten. So wird quantitativem Wachstum durch die Logik einer qualitativen (Lebens-)Verbesserung zu ungeahnter Dynamik verholfen.

Ohnehin beruht die vom Diskurs um das postmoderne oder postindustrielle Zeitalter geweckte Hoffnung auf eine entmaterialisierte Lebensform auf einem Missverständnis. Schor spricht von einem »materiality paradox«:[38] Indem der symbolische Gehalt von Objekten oder die »wahren«, also »letzten« Beweggründe hinter aller ökonomischen Materialität fokussiert werden, erweisen sich diese als umso unbeständiger. Wenn die industriell erschaffenen Artefakte nicht um ihrer selbst willen, sondern als Träger kultureller oder ethischer Aufladungen existieren, somit nur instrumentellen Charakter haben, werden sie umstandslos entwertet, sobald ihre Symbolik oder die sozialen Qualitätsnormen, denen sie dienen, umdefiniert beziehungsweise umcodiert werden. Physisch intakte Dinge gelten plötzlich als nicht mehr zeitgemäß, müssen schleunigst entsorgt und durch neue Objekte ersetzt werden: Verkehrsnetze, Schulen, Schwimmbäder, Sportanlagen, kulturelle Einrichtungen, Gebäude, Technologien, Kommunikationssysteme, Möbel, Wohnraumausstattungen, Kleidung, Smartphones, Computer et cetera.

Lebensqualität oder Zwangsbeglückung

Der Kunstgriff, zufriedene Menschen noch zufriedener, gesunde Menschen noch gesünder werden zu lassen, damit das

Wachstum an Lebensqualität keinen Stillstand erleidet, beschränkt sich nicht darauf, existierende Bedarfe kraft technischer, ökonomischer oder medizinischer Fortschritte effektiver zu erfüllen. Als ergiebiger entpuppt sich, völlig neue oder vormals unbekannte Bedarfe aufzudecken, gegebenenfalls wissenschaftlich zu begründen und sich heroisch für deren Befriedigung einzusetzen. Dies generiert Einnahmen, ganz gleich ob im ökonomischen Wortsinn oder gemessen an Aufmerksamkeit und Wählerstimmen. Nicht minder erprobt ist, für neue Leistungsangebote und technologische Erfindungen erst im Nachhinein den passenden Bedarf zu kreieren oder zu erfinden.

Das neue Wachstumsparadigma lebt von der Definitionsmacht darüber, wann bestimmte Ausprägungen einer Lebensqualität nicht mehr als hinreichend gelten können. Die hierzu nötige Produktion von Unzufriedenheit gelingt am ehesten, wenn Maßstäbe gelten, die kaum objektivierbar sind, sondern frei flottierend noch oben angepasst werden können. Je wolkiger und moralisch aufgeschäumter die Ideale sind, auf die sich Entwicklungsprozesse berufen können, desto leichter lassen sich Zustände, die bis dato als hinreichend galten, in Missstände uminterpretieren: Der Feind des Guten ist stets das Bessere.

Verteilungsungleichheiten, die sich unabhängig von den absoluten Güterausstattungen der vermeintlich Benachteiligten darstellen lassen, dominieren die Hitliste der Begründungsmuster für nachholendes Wachstum. So konnte sich die »relative Armut« als Indikator für soziale Defizite etablieren. Als »arm« lassen sich demnach sogar solche Menschen etikettieren, die durchweg reale Einkommenszuwächse verzeichneten, solange diese geringer ausfielen als jene der Gesellschaftsmehrheit oder einer beliebigen Referenzgruppe. Auskömmlichkeit in Bedürftigkeit umzudefinieren, erweist sich als nie versiegende Quelle für Wachstumsimperative. Ebenso eignen sich weit hergeholte internationale Vergleiche oder »künstliche

Wettbewerbe«[39], um Entwicklungsdefizite zu begründen, die sich in Wachstumserfordernisse überführen lassen. So werden oft skandinavische Länder als Maßstab herangezogen, um dem deutschen Schulsystem oder der Digitalisierung Rückständigkeit zu bescheinigen, an der sonst niemand Anstoß genommen hätte, weil sie erst durch willkürliche Vergleiche konstruiert wird.

Aber wer kann sich anmaßen, einem »Individuum die Hoheitsrechte über seine Bedürfnisse«[40] abzusprechen oder gar zwischen »wahrem«, »falschem« und »unzureichendem« Begehren zu unterscheiden? Gleichwohl toben in Politik, Wissenschaft und Medien regelrechte Überbietungswettbewerbe hinsichtlich einer Aufdeckung neuer Mängel oder Gerechtigkeitslücken – stets unter der Prämisse, dass diese durch zusätzliche Technisierung und Investitionen zu beseitigen seien. Damit werden quasi über Nacht neue Wohlfahrtsstandards definiert und die Lebenslage all jener entwürdigt, die dem neuen Maßstab nicht entsprechen.

Jeder Hühnerstall, der über kein »schnelles« Internet verfügt, gilt plötzlich als entwicklungsbedürftige Enklave. Fünfjährigen oder 85-Jährigen, die kein allerneustes Smartphone besitzen, wird ungefragt bescheinigt, sozial ausgegrenzt zu sein. Die Relativierung bisheriger Errungenschaften setzt Gesellschaften, ganz gleich auf welchem materiellen Versorgungsniveau, unter nie endenden Wachstumsstress. Schamgefühle und die Angst, nicht mitzuhalten zu können, durchsetzen die Gesellschaft mit konkurrierenden Steigerungsanstrengungen – um am Ende die jeweils selbe Lebensqualität auf einem permanent höheren materiellen Ausstattungsniveau behaupten oder wiedererlangen zu können.[41]

Indes läuft der Versuch, alle Lebensverhältnisse anzugleichen, seiner eigentlichen Intention zuwider, wo er die subjektive Zufriedenheit durch einen Vergleich mit all dem, was sonst noch möglich und deshalb wünschenswert wäre, untergräbt.

Derlei Vorgänge sind nicht nur übergriffig, sondern verstärken, was sie zu beseitigen vorgeben. Ein Zuwachs an Maßnahmen, von denen sich vermuten lässt, dass sie die Lebensqualität steigern, erzeugt neue soziale Disparitäten, wenn nicht alle Gesellschaftsmitglieder zufällig zur selben Zeit im selben Umfang davon profitieren. Damit lässt sich weiterer Nachholbedarf begründen, um die Lebensqualität der Abgehängten anzuheben, woraus sich wiederum neue Ungleichheiten ergeben ... Die fürsorgliche Belagerung durch einen wuchernden Wohlfahrtskomplex, der jeder noch so konstruierten relativen Benachteiligung nachjagt, kann sich längst nicht mehr auf quantitative Knappheiten stützen, wohl aber auf qualitative (soziale) Disparitäten in der Ausstattung von abstrakten Basisgütern oder Befähigungen.

Alternative Wohlfahrtskonzepte mögen geeignet sein, Aussagen über menschliches Wohlergehen zu fundieren, aber das Wachstumsproblem lässt sich mit ihnen nicht lösen. Das Potenzial, menschliche Lebensqualität allein durch immaterielle Faktoren stetig zu erhöhen, dürfte schnell erschöpft sein. Konsequenterweise wäre dann entweder von weiterem Wirtschaftswachstum abzusehen oder nicht länger zu leugnen, dass dieses trotz vorgeschobener Qualitätsziele immer materiellen Charakter hat und damit die Frage aufwirft, wie es von Umweltschäden entkoppelt werden kann. Würden Letztere hingegen akzeptiert, jedoch von einer wohlfahrtssteigernden Wirkung subtrahiert, wie von manchen der alternativen Konzepte vorgesehen, hieße dies, die irdischen Lebensgrundlagen für verhandelbar zu erklären.

Ökologisch ›wahre‹ Preise als Lenkungsinstrument?

Ein viel diskutierter Ausweg wird darin gesehen, ökologische Beeinträchtigungen (negative externe Effekte) zu besteuern, um das Wachstum über Anreize in eine weniger schädliche Richtung umzulenken. Dieses von dem englischen Ökonomen Arthur C. Pigou[42] bereits vor 100 Jahren vorgeschlagene Vorgehen zielt jedoch nicht auf eine restlose Vermeidung negativer Wirkungen, sondern auf ein optimales Verschmutzungsniveau. Dieses wäre erreicht, wenn der Nutzen einer zusätzlichen Einheit der schädigenden Aktivität nicht mehr höher ist als die damit verursachten Kosten – inklusive aller eingepreisten externen Schäden. Unter plausiblen Bedingungen führt diese Abwägung immer zur Inkaufnahme eines bestimmten Schadensniveaus, das als ökonomisch effizient gilt.

Dieses Schadensoptimum würde sich, so die Theorie, automatisch einstellen, weil die mit den »wahren« Preisen ihrer Umweltverbräuche konfrontierten Verursacher bestrebt sind, ihr Handeln kostenminimierend anzupassen. Die Popularität dieses Ansatzes kann jedoch nicht darüber hinwegtäuschen, dass er ins Leere läuft. Warum?

1. Der Externalisierungsdiskurs gründete immer auf der impliziten Annahme, dass die Umweltschäden des modernen Industriesystems prinzipiell vermeidbar seien, wenn nachhaltige Güter, Technologien und Institutionen an die Stelle der bisherigen treten würden. Was aber, wenn ausgerechnet für die ökologisch ruinösesten Praktiken (z. B. Einfamilienhäuser, Flugreisen, Kreuzfahrten, Ski-Urlaube, Autos, digitale Endgeräte) keine Alternativen existieren, die signifikant nachhaltiger sind und von den Verbrauchern als funktional gleichwertig akzeptiert werden? Dann verblieben nur Verbote, Einschränkungen oder prohibitiv hohe Preise, die mit an Sicherheit grenzender Wahrscheinlichkeit keine demokratische Mehrheit fänden.
2. Schädliche Aktivitäten erzeugen einen ökonomischen Vorteil, sonst würden sie nicht ausgeübt; ihre Vermeidung ist kostenträchtig. Dies führt unweigerlich zu einer Abwägung,

mit der sich politisch rechtfertigen lässt, was alltäglich geschieht: Ökologisch noch so desaströse Maßnahmen werden damit begründet, dass die daraus erwachsenden Vorteile und Chancen eben noch höher als die Umweltschäden zu bewerten seien. Im Zweifelsfall lässt sich argumentieren, dass die Konkurrenzfähigkeit der Volkswirtschaft auf dem Spiel stünde oder Arbeitslosigkeit drohe. Folglich existiert keine Obergrenze für eine wohlfahrtstheoretisch gerechtfertigte, also »effiziente« Zerstörung: Ein politisch oder kulturell beliebig aufblasbarer Zweck heiligt die Mittel.

3. Negative externe Effekte einzupreisen, damit ein vermeintlich bereinigtes Industriesystem weiterwachsen kann, beruht auf einem tragischen Missverständnis. Die entscheidende Frage wird damit übergangen: Welcher plünderungsfreie Überschuss einer industriellen Produktionsweise verbliebe, wenn die Vermeidung externer Effekte nicht nur auf das beschränkt würde, was politisch durchsetzbar ist oder einer vermeintlich effizienten – und gerade deshalb willkürlichen – Abwägung anheimgestellt würde, sondern dem langfristigen Überleben der menschlichen Zivilisation entspräche?

Externe Effekte sind keine Nebenfolge des industriellen Wohlstandszuwachses, sondern dessen Voraussetzung. Sie sind ähnlich einem alternativlosen Produktionsfaktor unabdingbar für das Güterwachstum. Mit anderen Worten: Wenn es nicht mehr möglich wäre, Schäden zu externalisieren, verlöre das Industriesystem seine Basis. Bei konsequenter Vermeidung externer Effekte verbliebe als ökonomischer Überschuss kaum mehr als das, was am Vorabend der ersten industriellen Revolution erzeugt werden konnte. Die primäre Ressource einer zu diesem Zeitpunkt hochentwickelten Agrar- und Handwerkerwirtschaft bestand in menschlicher Arbeitskraft, die technologisch kaum verstärkt wurde. Die Produktivität der verfügbaren präfossilen Werkzeuge und Mittel war extrem begrenzt und das nach

Ausschöpfung aller Spezialisierungsvorteile innerhalb eines begrenzten geographischen Rahmens erreichte Outputniveau konnte nicht systematisch wachsen.

Erst als industrielle Technologien dazu verhalfen, menschliche Arbeit durch Prozesse, die Energie und Material umwandelten, zu verstärken oder gar zu ersetzen sowie geographische Begrenzungen durch fossile Transportmöglichkeiten zu überwinden, gelang es, aus dem Korsett einer stagnierenden Produktion auszubrechen – aber immer und ausschließlich zum Preis physischer Plünderung. Das Dilemma besteht darin, dass hinreichend hohe Preise für ökologische Schäden die aktuelle Wohlstandsarchitektur, die sich ohne Wachstum nicht stabilisieren lässt, sofort zum Einsturz brächten – es sei denn, ein »grünes«, von ökologischen Schäden entkoppeltes Wachstum wäre möglich. Und genau das ist nicht der Fall.

II Aussichtslose Entkopplungsversuche

Steigerungen des BIP beruhen generell auf zusätzlicher Produktion, die als Leistung von mindestens einem Anbieter zu einem Empfänger übertragen wird und einen Geldfluss induziert.[43] Der Wertschöpfungszuwachs hat somit eine materielle Entstehungsseite und eine finanzielle Verwendungsseite des zusätzlichen Einkommens. *Beide* Wirkungen müssten ökologisch neutralisiert werden, um Wachstum von Umweltschäden entkoppeln zu können. Denn selbst wenn sich die Entstehung einer geldwerten und damit BIP-relevanten Leistungsübertragung technisch jemals entmaterialisieren ließe – was mit Ausnahme singulärer Laborversuche bislang nicht absehbar ist –, bliebe das Entkopplungsproblem so lange ungelöst, wie sich mit dem zusätzlichen Einkommen beliebige Güter finanzieren lassen, die nicht vollständig entmaterialisiert sind. Die beiden Dimensionen des Entkopplungsproblems sollen kurz beleuchtet werden.

Welche geldwerten Leistungen könnten so beschaffen sein, dass deren Herstellung, physischer Transfer, Nutzung und Entsorgung jeglicher Flächen-, Materie- und Energieverbräuche enthoben sind? Die seit Jahrzehnten fieberhaft entwickelten »grünen« Innovationen erfüllen diese Voraussetzung definitiv nicht, ganz gleich, ob es sich dabei um Passivhäuser, Elektromobile, Ökotextilien, Photovoltaikanlagen, Bio-Nahrungsmittel, Offshore-Anlagen, Blockheizkraftwerke, Smart Grids, solarthermische Heizungen, Cradle-to-cradle-Getränkeverpackungen, Carsharing, digitale Services et cetera handelt. Nichts von alledem kommt ohne physischen Aufwand, insbesondere neue Produktionskapazitäten und Infrastrukturen aus. Immerhin, so eine oft artikulierte Hoffnung, könnten die grünen Lösungen den weniger nachhaltigen Output ersetzen, anstatt eine materielle Addition zu verursachen. Aber für eine ökologisch entlastende Substitution reicht es nicht aus, schädliche Outputströme durch (ohnehin nur relativ) weniger schädliche zu ersetzen, solange dies mit zusätzlichen materiellen Bestandsgrößen und Flächenverbräuchen (wie bei Passivhäusern oder Anlagen zur Nutzung erneuerbarer Energien) erkauft wird. Außerdem wären die alten Kapazitäten und Infrastrukturen zu beseitigen. Aber wie könnte die Materie ganzer Industrien und Infrastrukturen ökologisch neutral zum Verschwinden gebracht werden?

Eine derart rigorose Umwälzung würde, wenn sie auf konsequente Weise erfolgte, am Wachstumsvorbehalt scheitern: Wie könnte das BIP dauerhaft steigen, wenn jedem grünen Wertschöpfungsgewinn ein Verlust infolge des Rückbaus alter Strukturen entgegenstünde? Zudem spricht vieles dafür, dass Wertschöpfungsverluste infolge des Rückbaus ressourcenintensiver Produktionssysteme die grünen Wertschöpfungsgewinne übertreffen. Dies lässt sich exemplarisch an der deutschen

»Energiewende« nachzeichnen. Die Wertschöpfungsbeiträge der erneuerbaren Energien bilden bestenfalls einen Strohfeuereffekt. Denn nachdem die vorübergehende Phase des Aufbaus neuer Kapazitäten abgeschlossen ist, reduziert sich deren BIP-Beitrag auf einen Energiefluss, der vergleichsweise wenig Aufwand an vorgelagerten Inputs verursacht und auch nicht beliebig gesteigert werden kann – es sei denn, die Produktion neuer Anlagen wird ohne Begrenzung fortgesetzt. Aber dann drohen neue Umweltschäden: Die schon jetzt unerträglichen Landschaftszerstörungen nähmen entsprechend zu, weil die materiellen Bestandsgrößen expandieren.

Daran zeigt sich die generelle Problematik physischer Verlagerungseffekte: Vermeintlich grüne Technologien lösen ohnehin keine ökologischen Probleme, sondern transformieren diese nur in eine andere stoffliche, räumliche, zeitliche oder systemische Dimension.[44] Deshalb sind die Versuche, Entkopplungserfolge empirisch nachzuweisen, nur so brauchbar wie es gelingt, alle Verlagerungseffekte zu berücksichtigen. Und sollte dies gelingen, wie können CO_2-Einsparungen mit Landschaftszerstörungen saldiert werden? Selbst wenn nicht auszuschließen ist, dass erneuerbare Energieträger im direkten Vergleich ökologisch vorteilhafter als fossile Energieträgern sind, lassen sich damit keine Wachstumsprobleme lösen. Im Gegenteil: Wenn sie zur Fortsetzung der ökonomischen Expansion instrumentalisiert werden, zerstören sie, was sie zu schützen vorgeben, nämlich die letzten noch verbliebenen Naturareale.

Auch angeblich entmaterialisierte Services im Bildungs- oder Gesundheitsbereich, etwa sogenannte »Humandienstleistungen«, bieten keine Lösung für das Entkopplungsproblem. Dies zeigt schon der Umstand, dass Pflegedienste keine Autos, Smartphones und Häuser ersetzen können, deren Produktion bei unverminderter Nachfrage dann lediglich an andere Standorte verlegt würde, wenn immer mehr Menschen im Dienstleistungsbereich beschäftigt sind und mit dem dort generierten

Einkommen beliebigen materiellen Konsum nachfragen können. Weiterhin ist die Expansion von Dienstleistungen physisch limitiert, solange sie sich allein aus menschlichen Verrichtungen speist, die technisch nicht verstärkt sind. Schließlich ist die Aufrüstung des Bildungs-, Gesundheits- und Tourismussektors mit immenser materieller Infrastruktur, Mobilität und Kommunikationstechnologie kein Zufall. Hinter der smarten Fassade vermeintlich virtueller Wertschöpfung toben Exzesse der Ressourcenverbrennung.

Finanzielle Rebound-Effekte

Selbst wenn entmaterialisierte Produktionszuwächse jemals möglich wären, müssten die damit unvermeidlich induzierten Einkommenszuwächse ebenfalls ökologisch neutralisiert werden. Aber es ist schlicht undenkbar, den Warenkorb jener Konsumenten, die das in den grünen Branchen zusätzlich erwirtschaftete Einkommen beziehen, von Gütern freizuhalten, die auf Basis fossiler Energie und anderer Rohstoffe hergestellt werden. Würden diese Personen keine Eigenheime bauen, nicht mit dem Flugzeug reisen, kein Auto fahren und keine sonst üblichen Konsumaktivitäten in Anspruch nehmen – und zwar mit steigender Tendenz, wenn das verfügbare Einkommen wächst?

Ein zweiter finanzieller Rebound-Effekt droht, wenn grüne Investitionen den Gesamtoutput einer Güterkategorie erhöhen, weil nämlich nicht sichergestellt werden kann, dass zeitgleich im selben Umfang die alten Produktionskapazitäten zurückgebaut werden: die gesamte Wohnfläche nimmt durch Passivhäuser zu, die gesamte Strommenge steigt durch Photovoltaikanlagen, was tendenzielle Preissenkungen verursacht und folglich die Nachfrage erhöht. Es ist nicht einmal auszuschließen, dass davon der fossile Sektor mitprofitiert. Ein dritter finanzieller

Rebound-Effekt – der klassische »Jevons-Effekt« – tritt ein, wenn Effizienzerhöhungen die Betriebskosten bestimmter Objekte (Häuser, Autos, Beleuchtung etc.) reduzieren, was abermals die Kaufkraft erhöht.

Theoretisch ließen sich diese Rebound-Effekte vermeiden, wenn die Einkommenszuwächse abgeschöpft werden – aber wozu dann überhaupt Wachstum, wenn die damit intendierte Wirkung, nämlich Einkommenssteigerungen, im selben Moment neutralisiert werden? Die Behauptung, Investitionen in grüne Technologien könnten ein Wirtschaftswachstum ohne Umweltschäden ermöglichen (ganz zu schweigen von der schärferen Bedingung einer absoluten Entlastung), ist also nicht nur falsch, sondern kehrt sich ins genaue Gegenteil um: Grüne Technologien haben allein unter der Voraussetzung eines nicht wachsenden BIPs eine vage Chance, zur ökologischen Entlastung beizutragen, und das auch nur, wenn materielle Rebound-Effekte hinreichend eingedämmt werden können.

Maßlose Techniküberschätzung

Während die Nebenwirkungen grüner Innovationen in der wissenschaftlichen und politischen Debatte bagatellisiert werden, wird deren Effektivität hymnisch überbewertet. Dies soll anhand zweier Beispiele nachgezeichnet werden.

Beispiel 1: Die energetische Sanierung des Gebäudebestandes zählt zu den Königsdisziplinen des Klimaschutzes. Die hier vermuteten Energieeinsparpotenziale haben während der vergangenen Jahrzehnte bemerkenswerte Technologieentwicklungen und rege Investitionsaktivitäten entfacht. Laut Antwort der Bundesregierung auf eine »Kleine Anfrage« im Jahr 2020 belief sich das Investitionsvolumen für die energetische Gebäudesanierung von 2010 bis 2018 auf beinahe eine halbe Billion Euro.[45] Die Treibhausgasemissionen des Gebäudebereichs seien in diesem Zeitraum, so im selben Dokument nachzulesen, um 21 Prozent gesunken, was sich angesichts einer derart monströsen Investitionssumme eher bescheiden ausnimmt. Eine Untersuchung des DIW hat ergeben, dass sich selbst diese Reduktion, wenn die Daten temperaturbereinigt werden, tatsächlich nur auf 2,6 Prozent beläuft.[46] Mit anderen Worten: Warme Winter haben die Emissionen gesenkt.

Würden außerdem alle relevanten Rebound-Effekte berücksichtigt, insbesondere untersucht, wie viel zusätzliche Ausgaben für Konsum, Mobilität und die Schaffung neuen Wohnraums über den Einkommensmultiplikator dieser gigantischen Investition induziert wurden – die damit einhergehenden zusätzlichen Emissionen wären von den 2,6 Prozent zu subtrahieren –, dürfte sich ein grünes Wachstumsdesaster offenbaren. Wäre in der gleichen Zeit erstens kein zusätzlicher Wohnraum entstanden und zweitens in anderen Sektoren im selben Umfang weniger investiert worden, um einen wachstumsneutralen Strukturwandel anstatt eine Strukturaufblähung auszulösen, hätte die Sanierungsstrategie erfolgreich verlaufen können. Dies hätte dem hartnäckig verteidigten Wachstumsvorbehalt natürlich widersprochen und musste daher vermieden werden. Folglich ist das Reduktionserfordernis, welches auf dem Verkehr, Konsum, der Landwirtschaft, Digitalisierung und Energieerzeugung lastet, um Klimaschutzziele zu erreichen, entsprechend hoch. Aber für die ersten vier dieser Sektoren existiert auf technologischer Ebenen nicht einmal eine theoretisch überzeugende Entlastungsperspektive. Also konzentrieren sich alle Anstrengungen auf den Energiesektor.

Beispiel 2: Die deutsche Energiewende als das vermutlich ehrgeizigste je ersonnene Entkopplungs- und somit Green-Growth-Programm beschränkt sich darauf, das Elektrizitätssystem zu transformieren. Zugleich sollen damit die Klimaschutzbeiträge aller anderen Sektoren, in denen sogar steigende Stromverbräuche prognostiziert werden (insbesondere in der

Mobilität und Digitalisierung) mit abgedeckt werden. Dies setzt voraus, immer mehr Leistungsprozesse und Verbräuche zu elektrifizieren, damit sie technologisch anschlussfähig an eine Energiewende werden, die auf erneuerbaren Ressourcen basiert.

Indes trübt das Zauberwort »erneuerbar« jeden vernunftgeleiteten Blick auf die Limitationen der damit etikettierten Energieträger. Beispielsweise Wind – von dem als effektivste der erneuerbaren Energiequellen alle grünen Wachstumspläne auf Gedeih und Verderb abhängen – ist eine knappe Ressource. Wind unterliegt innerhalb eines bestimmten Zeitabschnitts und geographischen Raumes diversen Verwendungskonkurrenzen. Erstens: Je geringer der Abstand zwischen Windkraftanlagen und je größer deren Kapazitäten sind, desto geringer ist die durchschnittliche Ausbeute, weil die von einer Anlage abgeschöpfte Bewegungsenergie für die anderen nicht mehr verfügbar ist.[47] Zweitens: Die von den Rotoren verbrauchte Windenergie ist nicht mehr für die Entstehung von Regenwolken verfügbar. Durch diesen und weitere physische Effekte beeinflussen Windkraftanlagen das Klima, wie neue Studien aus den USA zeigen.[48] Dies kann zu Temperaturerhöhungen und Trockenheit für einzelne, davon betroffene Regionen führen. Drittens: Flora, Fauna und unzählige ökologische Prozesse beruhen je nach geographischer Lage auf einem bestimmten Windaufkommen. Wie sich der Entzug systemimmanenter Bewegungsenergie auswirkt, scheint weitgehend vernachlässigt und unerforscht zu sein. Jedenfalls ist die Gleichung »erneuerbar = unbegrenzt = ökologisch« schlicht unzutreffend.

Grünes Wachstum mit der Brechstange

Dennoch bildet die »grüne« Wachstumsstrategie längst einen parteiübergreifenden Konsens. Gestritten wird bestenfalls über das Volumen der Investitionen und finanziellen Anreize, mit denen Technologien, Güter und Infrastrukturen gefördert werden, die vermeintlich zur Entkopplung beitragen. Die Attraktivität dieser Vorgehensweise verdankt sich einem mehrfachen Vorbehalt: Grüne Lösungen sollen niemanden finanziell unangemessen belasten oder verglichen mit bisherigen Konsum- und Mobilitätsoptionen schlechterstellen, vor allem auch keine Komforteinbußen verursachen. Ökologisch ruinöse Handlungsweisen werden nur zur Disposition gestellt, wenn adäquate Substitute verfügbar sind. Zwischen den Parteien tobt ein hemmungsloser Überbietungswettbewerbs, was die Ausstaffierung dieser Wohlstandsgarantie anbelangt. Dadurch wurde jede Einsicht in die Notwendigkeit von Anspruchsmäßigungen ausgemerzt.

Was aber, wenn sich die grüne Fortschrittspropaganda, mit der die Wählerschaft bei Laune gehalten werden soll, als Budenzauber entpuppt, etwa weil die Leistungsfähigkeit der grünen Technologien maßlos überschätzt werden, akzeptable Substitute undenkbar sind oder Rebound-Effekte überhandnehmen? Wie sich an einschlägigen Begebenheiten und Tendenzen nachzeichnen lässt, haben sich Politik, Wirtschaft und Wissenschaft durch das Festhalten am grünen Wachstumsdogma in eine Situation manövriert, die ihnen abverlangt, das Wohlstandsversprechen nötigenfalls auch mit geradezu bizarren Folgen zu erfüllen:

- Dass der Pkw-Abgasskandal ausgerechnet jene Konzerne betraf, die sich mühsam das Image aufgebaut hatten, über besondere Kompetenzen in der umweltfreundlichen Antriebstechnologie zu verfügen, ist kein Zufall. Als betriebsintern immer offenkundiger wurde, dass die Entkopplung komfortabler Pkws von Abgasen zumindest in dem vollmundig versprochenen Umfang schlicht unmöglich ist, muss der drohende Gesichtsverlust für manche der Verantwortlichen schwerer gewogen haben als das Risiko, den Sachverhalt durch eine Straftat zu verschleiern. Dieser Vorfall markiert mehr als einen Fall wirtschaftlicher Kriminalität, nämlich ein Fanal des Scheiterns grüner Fortschrittsillusionen.

- Seit immer offenkundiger wird, dass die übertriebenen Klimaschutzpotenziale der erneuerbaren Energieträger das Versprechen, maximalen Wohlstand und Klimaschutz zu vereinen, nicht ansatzweise einzulösen vermögen, bahnt sich als Konsequenz daraus eine Renaissance der Atomenergie an – mittlerweile sogar offensiv betrieben von Mitgliedern grüner Parteien, wie etwa in Finnland[49] und England[50]. Auch hier gilt die Maxime des grünen Wachstums: Im Zweifelsfall für den Wohlstandserhalt, koste es, was es wolle.
- Besondere Entkopplungshoffnungen lasten seit jeher auf der deutschen Energiewende, die sich als vollends technizistisches Unterfangen auf den Windkraftausbau konzentriert. Nun drohen die über Jahre hinweg geleugneten Konflikte mit Naturschutz- und Biodiversitätsbelangen derart zu eskalieren, dass die Spitze der Partei »Die Grünen« (noch vor der Regierungsbildung) mit dem mitgliederstärksten Umweltverband (NABU) eine Vereinbarung getroffen hat, die den beschleunigten Ausbau entgegen bisheriger Naturschutzregelungen sicherstellen soll.[51] Ähnliche Bestrebungen der neuen, seit Dezember 2021 amtierenden Bundesregierung zielen darauf, die europäischen Rechtsgrundlagen des Naturschutzes anzugreifen, um die Nachindustrialisierung der Landschaften zu intensivieren.[52]
- Indes zeichnet sich ab, dass der Generalangriff auf die letzten Naturareale nicht einmal hinreichend sein kann, um den infolge der Digitalisierung und Elektromobilität prägnant wachsenden Energie- und damit Flächenhunger zu stillen. Inzwischen beginnen hochrangige Protagonisten der deutschen Energiewende, die Öffentlichkeit sanft darauf einzustimmen, dass die Vorwärtsverteidigung des deutschen Le-

bensstils – wohlgemerkt mit »grünen« Mitteln – erfordert, auf die Flächen des globalen Südens zuzugreifen. Dies hieße, auch dort massiert Windkraft- und Solaranlagen zu projektieren, zudem eine Industrie zur Produktion von Wasserstoff aus dem Boden zu stampfen und eine globale Logistik für dessen Transport nach Europa aufzubauen.[53] Natürlich wird dieser neue, nunmehr ökologische Kolonialismus als großherzige Entwicklungspolitik schöngeredet.

Je schriller eine Vereinbarkeit von Wohlstandswachstum und Ökologieschutz ausgerufen wird, von der sich früher oder später herausstellt, dass sie realitätsferner nicht sein könnte, desto stärker wird der Druck, den damit zugespitzten Zielkonflikt auf dem Rücken der natürlichen Mitwelt auszutragen. Andernfalls fühlen sich die Wähler um den zugesicherten Wohlstandsschutz betrogen. Eine grüne Wachstumsstrategie führt in eine politische Sackgasse, weil die damit eingegangene strategische Selbstbindung den einzigen Ausweg verbaut, nämlich ein Wohlstandsmodell zu überwinden, das auf ökologischem Vandalismus gründet.

III Postwachstumsökonomie

Wenn der Planet erstens physisch begrenzt ist, zweitens industrieller Wohlstand nicht von ökologischen Schäden entkoppelt werden kann, drittens die irdischen Lebensgrundlagen dauerhaft erhalten bleiben sollen und viertens globale Gerechtigkeit angestrebt wird, muss eine Obergrenze für den von einem einzelnen Individuum beanspruchten materiellen Wohlstand existieren. Dies lässt sich am weithin akzeptierten Zwei-Grad-Klimaziel exemplarisch verdeutlichen: Bei globaler Gleichverteilung der damit kompatiblen Gesamtmenge an CO_2-Emissionen auf ca. 7,8 Milliarden Menschen ergäbe sich ein individuelles

Budget von circa einer Tonne pro Jahr. Tatsächlich liegt dieser Wert in Deutschland bei rund elf Tonnen.[54] Allein deshalb wäre der materielle Wohlstand im globalen Norden schrittweise zu reduzieren, um ihn im globalen Süden begrenzt und punktuell anheben zu können.

Die materielle Abrüstung bildet außerdem eine Bedingung dafür, strukturelle Wachstumstreiber einzudämmen. Dazu zählt arbeitssparender technischer Fortschritt, denn dieser bewirkt, dass zusehends weniger Personen benötigt werden, um eine bestimmte Gütermenge zu produzieren. Unter diesen Bedingungen dennoch soziale und politische Stabilität zu gewährleisten, setzt voraus, dass die Produktionsmenge hinreichend wächst, um den Rationalisierungseffekt zu kompensieren. Ein weiterer Wachstumstreiber rührt daher, dass alles eingesetzte Kapital einem Verwertungsdruck unterliegt: Es müssen Zinsen und Renditen erwirtschaftet werden, um die Ansprüche der Fremd- bzw. Eigenkapitalgeber zu bedienen. Beide Wachstumstreiber ließen sich auf dieselbe Weise mildern, nämlich durch weniger technisierte und globalisierte Wertschöpfungsprozesse. Denn damit könnten tendenziell sowohl der erforderliche Kapitaleinsatz als auch die Arbeitsproduktivität gesenkt werden. Ersteres verringert den Expansionsdruck zwecks Befriedigung der Kapitalinteressen, Letzteres bewirkt, dass wieder mehr Beschäftigte pro Ausbringungsmenge benötigt werden.

Arbeitsintensivere, handwerkliche und regionalwirtschaftliche Wirtschaftsformen hätten Konsequenzen, die zu meistern wären: Nicht nur die Auswahl an Gütern, sondern auch die reale Kaufkraft, bislang basierend auf ökologischem und sozialem Dumping, würden tendenziell sinken. Anstatt Technologien zu optimieren, um »grünes« Wachstum zu ermöglichen, intendiert eine Postwachstumsökonomie, Menschen zu befähigen, sich mit einer verkleinerten Ökonomie zu arrangieren, also nicht Wachstum von Schäden, sondern Lebensqualität von Wachstum zu entkoppeln. Dies setzt voraus, Konsumbedarfe zu minimieren (Suffizienz) und diese möglichst ohne industrielle Produktion zu befriedigen (Subsistenz, Regionalökonomie).

Suffizienz befördert eine hohe Lebensqualität

Beschleunigung, Konsumstress und Reizüberflutung kennzeichnen den Alltag moderner Gesellschaften. Während der Nullerjahre, also innerhalb nur eines einzigen Jahrzehnts, hat sich die Anzahl der Antidepressiva-Verschreibungen in Deutschland verdoppelt.[55] Das moderne Leben ist vollgestopft mit Terminen, Produkten, Dienstleistungen, Mobilität und einer nicht endenden Flut digitaler Signale, die pausenlos abgerufen werden müssen, um nichts zu verpassen.

Neben aller sonstigen Bedürftigkeit erweist sich der Homo sapiens als zeitabhängiges Wesen. Ereignisse und Konsumobjekte können bei ihm nur dann einen positiven Effekt hervorrufen, wenn er diesen Dingen hinreichende Aufmerksamkeit widmet und sie kraft der hierzu notwendigen Sinnesorgane erfassen kann. Aber die Geschwindigkeit, mit der Reize sinnlich und psychisch verarbeitet werden können, lässt sich nicht steigern. Zudem sind Menschen nicht fähig, sich mehr als zwei Dingen gleichzeitig zu widmen, zumindest wenn diese bewusst wahrgenommen werden sollen.[56] Folglich können Konsumhandlungen oder Erlebnisse erstens nur aufeinander folgend und zweitens nur mit begrenzter Geschwindigkeit ausgeführt beziehungsweise aufgenommen werden. Wer eine Flasche guten Weins in drei Minuten herunterstürzt, überfordert seine Geschmacksnerven und betrügt sich um den Genuss. Wer versucht, zwei Musikstücke parallel zu hören, kann keines davon erfassen. Nur wer sich auf wenige Konsumaktivitäten konzentriert und sich dafür jeweils genug Zeit lässt, erzielt eine nützliche Wirkung.

Bis dato sahen sich menschliche Zivilisationen vor der Herausforderung, Güterknappheit zu lindern, um die Handlungsfreiheit und Lebensqualität möglichst vieler Individuen zu steigern. Nun nähert sich ein historischer Wendepunkt: Die Wirkung materiellen Wohlstands kann ins Gegenteil umschlagen, falls eine Sättigungsgrenze überschritten wird. Wenn das Spektrum an Dingen und Erlebnissen explodiert, weil die Kaufkraft entsprechend gestiegen ist, der Tag aber nach wie vor nur 24 Stunden hat, konkurrieren alle Aktivitäten um die nicht vermehrbare, nämlich zeitabhängige Aufmerksamkeit. Die Freiheit, zwischen möglichst vielen Optionen entscheiden zu können, galt immer als Inbegriff modernen Fortschritts – was aber, wenn daraus purer Stress wird?

Was sich dem Hamsterrad der käuflichen Selbstoptimierung entgegenstellen lässt, ist elegante Genügsamkeit. Letztere konfrontiert die verzweifelte Suche nach weiteren Steigerungen von Güterbesitz, Erlebnissen und technologischer Bequemlichkeit mit einer simplen Gegenfrage: Von welchen Energiesklaven, Konsum- und Komfortkrücken ließen sich überbordende Lebensstile und schließlich die gesamte Gesellschaft befreien? Wer in materieller Opulenz zu versinken droht, verzichtet nicht, wenn er oder sie sich auf das Wichtige beschränkt, sondern vermeidet die Konsumverstopfung, unter der immer mehr Verbraucher leiden. Knappe Zeitressourcen auf eine begrenzte Anzahl an Aktivitäten zu konzentrieren, diese dafür umso intensiver auszuschöpfen, verteufelt nicht den Konsum, sondern lässt ihn zu einer virtuosen und nebenbei ökologisch verantwortbaren Praxis gedeihen. Überdies verhilft Suffizienz dazu, unabhängiger von industrieller Fremdversorgung zu werden, somit aktuelle und absehbare Krisen meistern zu können. Suffizienz kennt drei Ausprägungen:

1. Selbstbegrenzung eines erreichten Versorgungsniveaus, obwohl Optionen auf dessen quantitative oder qualitative Steigerungen vorhanden und finanzierbar wären: beispielsweise

eine individuelle Bekleidungsausstattung zu begrenzen, indem weitere Anschaffungen nur dann stattfinden, wenn eines der bislang genutzten Objekte infolge von nichtreparablen Schäden ersetzt werden muss, sodass der Bestand an verfügbaren Konsumoptionen erhalten, aber nicht erweitert wird.

2. Reduktion eines bestimmten Anspruchsniveaus, ohne die betreffende Aktivität gänzlich zu tilgen: beispielsweise anstatt wie bisher zweimal nur einmal pro Jahr eine Urlaubsreise anzutreten oder die pro Jahr konsumierte Fleischmenge zu halbieren.
3. Vollständige Entsagung einer Option: beispielsweise grundsätzlich kein Fleisch essen, niemals fliegen, kein Smartphone oder/und kein Auto nutzen.

Suffizienz ist am überzeugendsten begründbar und am wirksamsten, wenn sie dort ansetzt, wo maximalen Schäden, die durch frei wählbare Handlungen entstehen, nur minimale Rechtfertigungsgehalte entgegenstehen. Deshalb bietet es sich an, zwischen basalen Grundbedürfnissen und reinem Luxus zu unterscheiden. Diese Vorgehensweise speist sich aus zwei Logiken. Erstens lassen sich mit der Reduktion schädlicher Handlungen, die obendrein ausschließlich Luxus darstellen, sozialpolitische Konflikte vermeiden. Fühlen sich Hartz-IV-Empfänger benachteiligt, wenn Kreuzfahrten, SUVs, Kaviar und anderer Prestigekonsum nicht verfügbar oder limitiert wären? Erkrankte, verhungerte oder erfror jemals ein Mensch, der nach dem Abi nicht nach Neuseeland flog oder keinen Apple-Mac besaß? Zweitens erweist sich diese Differenzierung auch als ökonomisch effizient. Denn Letzteres hieße, eine knappe Ressource zuvorderst dort einzusetzen, wo deren Fehlen großen Schaden verursachen würde. Und nichts ist knapper als die Verfügbarkeit ökologischer Ressourcen. Konkret: Ist die Stromversorgung von Spielkonsolen genauso wichtig wie die eines

Krankenhauses? Ist ein Ski-Urlaub genauso wichtig wie eine krisenstabile und gesunde Ernährungsversorgung?

Die Rolle der Subsistenz

Der nach Ausschöpfung aller Suffizienzpotenziale verbleibende Bedarf kann in drei Bereichen befriedigt werden, die sich anhand ihres Technisierungsgrades, Transport- und Kapitalaufwandes deutlich unterscheiden: (1) Selbstversorgung (Subsistenz), (2) Regionalökonomie und (3) Industrieproduktion. Dabei kommt der Subsistenz eine zentrale Rolle zu. Sie wird im vorliegenden Kontext als unbezahlte und marktfreie Leistungserstellung verstanden, stützt sich im Wesentlichen auf eigene Arbeitskraft und (wenn überhaupt) nur einen geringen, keinen Verwertungszwängen unterliegenden Kapitaleinsatz. Subsistenz bildet das idealtypische Antonym zum Konsum. Letzterer beruht auf einer Trennung zwischen der Sphäre des Verbrauchs und jener der Erzeugung. Konsumieren bedeutet, die Begrenztheit eigener produktiver Möglichkeiten zu durchbrechen, indem Dinge in Anspruch genommen werden, die nicht selbst, sondern anderswo, von anderen und mit wachsenden technischen Mitteln hergestellt werden. Die Kluft zwischen physischer Güterausstattung und eigenen physischen Leistungen – viele nennen sie Wohlstand oder Freiheit – wird von einem Geflecht industrieller Wertschöpfungsketten überbrückt.

Dagegen markiert Subsistenz die denkbar kürzeste Distanz zwischen Verbrauch und Erzeugung, nämlich eine Situation, in der sich eigener Verbrauch und eigener – plünderungsfreier, also maschinell nicht verstärkter – Arbeitsertrag annähern. Gleichwohl würden sich Subsistenzaktivitäten innerhalb einer Postwachstumsökonomie nur ergänzend, durchaus arbeitsteilig und in Kombination mit einer reduzierten Industrieversorgung entfalten. Subsistenz umfasst grob vereinfacht

a) die eigene Herstellung von Gütern (Nahrungsmittel, Elektrizität, Produkte der »Marke Eigenbau«[57] etc.),
b) die gemeinschaftliche Nutzung von Gütern, die weiterhin industriell gefertigt werden (Autos, Waschmaschinen, Werkzeuge etc.),[58] sowie
c) die Nutzungsdauerverlängerung durch achtsamen Gebrauch, Instandhaltung, Pflege, Wartung und Reparatur.[59]

Insbesondere die letzten beiden Praktiken zielen darauf, die Ergiebigkeit industriell erzeugter Objekte zu erhöhen. Dies senkt den Bedarf an Wertschöpfung, die nunmehr zwei ineinander übergehende Phasen umfassen würde: An eine verringerte Industrieproduktion würden lokale Praktiken der Gemeinschaftsnutzung und des Bestandserhalts anknüpfen. Die erste Phase erweist sich naturgemäß als kapitalintensiv, während die zweite Phase auf arbeitsintensiven, handwerklichen und nichtkommerziellen Beträgen beruht. Folglich ließe sich materielle Produktion teilweise durch annähernd kapitallose Praktiken substituieren; damit sinkt der Kapitalbedarf pro Quantum an verfügbaren Konsumleistungen. Insoweit die ergänzenden Subsistenzleistungen unentgeltlich in sozialen Netzen erbraucht und getauscht würden, entfielen Profite und monetäre Einkommensströme, die zu Investitionen und steigender Konsumnachfrage führen könnten.

Konsumenten würden aus der Rolle passiver Verbraucher heraustreten, indem sie sich als »Prosumenten«[60] drei Ressourcen zunutze machen: (a) handwerkliche Kompetenzen und Improvisationsgeschick, (b) marktfreie Zeit und (c) nahräumliche Kooperationsbeziehungen. Eine Wiedererlangung manueller Befähigungen, um selbsttätig materielle Versorgungsleistungen zu gestalten, korrigiert Bildungs- und Berufsorientierungen, die angesichts eines »Akademisierungswahns«[61] und zunehmend unproduktiver Beschäftigungen, die von Graeber als »Bullshit-Jobs«[62] bezeichnet werden, jeden Bezug zur Realität verloren haben. Suggeriert wird damit, dass materieller Güterreichtum aus Bildung oder Wissen gestanzt werden kann. Aber physischer Wohlstand, der einerseits wächst und dem andererseits nur simulierte Arbeitsleistungen gegenüberstehen, die sich in Informationsverarbeitung, »Smart Working« und der Bedienung eines globalen, ressourcenfressenden Technologieparks erschöpfen, ist nicht nur ökologisch unrettbar. Er lässt sich überdies nicht als gerecht legitimieren, weil er im physischen Sinne leistungslos angeeignet wird. Zudem verkehrt sich die durch ihn versprochene Freiheit in substanzielle Verkümmerung, Abhängigkeit und Vulnerabilität – wenngleich erst nach Erreichen einer bestimmten Entwicklungsstufe.

Gleichwohl bezweckt die Subsistenzperspektive nicht, moderne Güterproduktion zu überwinden, wohl aber, sie maßvoll zu begrenzen und in eine gestaltbare Balance zwischen Selbst- und Industrieversorgung einzubetten. Dazu bedarf es neben revidierter Erziehungs- und Bildungsmaximen hin zu handwerklicher Kompetenz ebenso tiefgreifend gewandelter Arbeitszeit- und Erwerbsmodelle. Eine Verkürzung der regulären Wochenarbeitszeit auf durchschnittlich 20 Stunden würde zunächst den Rückbau industrieller Strukturen sozialpolitisch abfedern, nämlich Arbeitslosigkeit vermeiden. Es verbliebe ein maßvolles monetäres Einkommen, das suffizienten Konsum und andere Lebenshaltungskosten abdecken könnte. Zudem könnten die freigestellten 20 Stunden eine Grundlage für finanziell entlastende Selbstversorgung – basierend auf kooperativen Austauschbeziehungen – schaffen, sodass eine Halbierung der Industrieproduktion und des durchschnittlichen Geldeinkommens nicht per se den materiellen Wohlstand halbiert. Wer sich beispielsweise mit vier anderen Personen Auto, Lastenfahrrad, Waschmaschine, Drucker, Gartengeräte, Werkzeuge et cetera teilt, über Möglichkeiten verfügt, die Nutzungsdauer vieler Produkte durchschnittlich zu verdoppeln oder sich an lokaler Nahrungsmittelerzeugung beteiligt, erreicht eine hohe Lebensqualität bei reduziertem Bedarf an Einkommen.

Moderne Subsistenz beruht auf Lernprozessen und Erfahrungswissen. Nicht nur deshalb, sondern auch, um marktfreie Leistungen tauschen und gemeinschaftliche Arbeit verrichten zu können, bedarf es sozialer Netze, Plattformen und Reallabore. Orte des Lernens und der Interaktion erlauben eine Spezialisierung auf jene Tätigkeitsbereiche, die mit eigenen Fähigkeiten und Präferenzen harmonieren. Wer über Reparaturkompetenzen verfügt, kann auch andere Personen davon profitieren lassen, die als Gegenleistung eine Mitnutzung bestimmter Gebrauchsgegenstände oder Nahrungsmittel aus (Gemeinschafts-)Gärten anbieten können.

Um das integrative Versorgungsmodell einer Postwachstumsökonomie zu komplettieren, bedarf es neben Suffizienz und Subsistenz einer dritten Drainage, damit technisierte und kapitalintensive Massenfertigung vermindert werden kann, nämlich die Regionalökonomie. Sie umfasst handwerklich orientierte, gleichwohl unternehmerische Wirtschaftsformen, die kurze Distanzen zwischen Verbrauch und Entstehung von Gütern gewährleisten sowie direkte, gegebenenfalls partizipative Beziehungen zwischen Nachfragern und Erzeugern zulassen. Dies setzt Dezentralität und limitierte Betriebsgrößen voraus. Idealtypisch sind die »Solidarische Landwirtschaft« (Community Supported Agriculture)[63], genossenschaftlich organisierte Betriebe, aber auch kleine und mittelständige »konventionelle« Unternehmen, insoweit sie Alternativen zur globalen Industrieversorgung bieten. Die Wertschöpfung könnte sich auf ökologischen Landbau, handwerkliche Herstellung, Kleinserienproduktion, Werkstatt- und Manufakturfertigung, Verleihsysteme, vor allem auf Nutzungsdauerverlängerung, professionelle Instandhaltung und Vermarktung gebrauchter Objekte erstrecken.

Insgesamt entstünde eine vierstufige Kaskade, um ein würdiges Dasein mit minimalem Bedarf an Industrieproduktion, Techniknutzung und Verkehr zu erwirken: Wo die Reduktionspotenziale der Suffizienz enden, setzen Subsistenzpraktiken an. Manche der dann noch verbliebenen Bedarfe können von regionalökonomischen Betrieben befriedigt werden. Die restliche Nachfrage entfällt auf eine deutlich verkleinerte Industrie. Deren Rolle bestünde darin, einen ökologisch verantwortbaren, nicht wachsenden Bestand an Gütern zu erhalten und qualitativ zu verbessern. Die Neuproduktion würde sich auf den Ersatz der nach Ausschöpfung aller nutzungsdauerverlängernden Maßnahmen nicht mehr zu »rettenden« Objekte beschränken.

IV Ausblick

Die schlechte Nachricht: Alle Versuche, Wachstum umzulenken, indem es an einer entmaterialisierten Konstruktion von Lebensqualität ausgerichtet oder gar technologisch von Umweltschäden entkoppelt wird, sind zum Scheitern verurteilt. Dieser Weg verlängert den ökosuizidalen Expansionskurs sogar, indem ihm neue Richtungen und Legitimationen erschlossen werden. Eine ökologieverträgliche Wirtschaft kann niemals wachsen, während eine wachsende Ökonomie niemals ökologieverträglich sein kann.

Die gute Nachricht: Das hier nur grob skizzierte Konzept einer Postwachstumsökonomie ist mehr als ein Versorgungssystem innerhalb unverrückbarer physischer Grenzen. Es stellt der Verkümmerung menschlicher Kompetenzen infolge zunehmender Technologie- und Konsumabhängigkeit eine sozial integrative Ökonomie entgegen, die auf produktive und überlebensfähige Mitgestalter setzt. Das damit einhergehende Verständnis von menschlicher Arbeit kann schon für sich genommen eine hohe Lebensqualität befördern, die nicht auf ökonomischer und ökologischer Konkursverschleppung beruht. Schumacher sah die Rolle der Arbeit darin, erstens eigene Fähigkeiten einzuüben und fortwährend weiterzuentwickeln, zweitens unmittelbar mit anderen Menschen zusammenzuwirken, statt Leistungsprozesse zu automatisieren, und erst drittens damit auch Einkommen zu verdienen.[64] Dem ähnelt das oben beschriebene duale Arbeitsmodell. Es basiert auf sozial eingebetteten Versorgungspraktiken, die bis ins Handwerkliche/Manuelle hineinreichen, ohne der Inanspruchnahme industrieller Leistungen damit vollständig zu entsagen.

Die Postwachstumsökonomie harmoniert mit Transformationsszenarien, die nicht schicksalhaft von Politikinstanzen und somit Wählermehrheiten abhängig sind, sondern auch autonom und kleinräumig begonnen werden können. Wahlen gewinnt derzeit nur, wer das Unmögliche verspricht, nämlich die vorherrschende Wohlstandsverwahrlosung bis auf minimale Designkorrekturen unangetastet zu lassen *und* daneben die Ökosphäre technologisch heilen zu können. Bevor eine Postwachstumsökonomie jemals zum Gegenstand politischer Steuerung werden kann, bedürfen die Praktiken, auf denen sie beruht, einer Erprobung und kulturellen Reproduktion in Reallaboren. Wenn eine »kritische Masse«[65] an Akteuren eingeübt hat, sich dem allgegenwärtigen Steigerungswahn zu verweigern, und damit sichtbar in Erscheinung tritt, können deren Handlungsmuster imitiert und verbreitet werden.

Konventionelle Ökonomieentwürfe, auch solche, die sich nachhaltig nennen, trennen weiterhin zwischen der individuellen Daseinsgestaltung und einer davon losgelösten, nach außen verlagerten Versorgungsmaschinerie, die gesondert zu gestalten sei. So werden wirtschaftliche Vorgänge zu einem Teilsystem, das in sicherer Distanz zur eigenen, um jeden Preis zu konservierenden Lebensführung durch politische Rahmenbedingungen und technologische Entwicklungen ferngesteuert werden soll. Im Gegensatz zu der bequemen, aber aussichtslosen Strategie, Institutionen und Objekte zu optimieren, fokussiert die Postwachstumsökonomie auf lernende Subjekte, die ihre Verantwortung nicht weiterhin an der Garderobe einer nicht zukunftsfähigen Komfortzone abgeben. Sie setzen ihre gestalterische Freiheit ein, anstatt ohnmächtig an den Marionettenfäden einer übermächtigen Industrieversorgung und Digitalisierung zu baumeln. Erst dies eröffnet Optionen jenseits hilfloser Stoßgebete an politische oder technizistische Erlösungsutopien.

Alternativ dazu, einen leckgeschlagenen Tanker reparieren und wieder zu Wasser lassen zu wollen, würden autonome Rettungsboote, die sich dezentral und kleinräumig entfalten, ein realistisches, nämlich voraussetzungsloseres Transformationsmuster abbilden. Hier können genügsame Gegenkulturen ins Werk gesetzt werden, die ähnlich den von Joseph Beuys so bezeichneten »sozialen Plastiken« einen Vorrat an imitierbaren Praktiken entstehen lassen. Auf diese lässt sich nicht erst zurückgreifen, wenn Krisenszenarien – und an denen wird es zukünftig nicht mangeln – dies nahelegen. Sie konfrontieren schon jetzt ein destruktives Wachstumsdogma mit dem Beweis, dass suffiziente, sesshafte und subsistente Lebenskunst sowie daran ausgerichtete Versorgungs- und Unternehmensstrategien möglich sind. Je mehr davon vorsorglich eingeübt werden, desto stärker lässt sich der Aufprall dämpfen. Und weil das Überlebensprogramm kein Unterfangen des zusätzlichen Bewirkens, sondern des kreativen Unterlassens darstellt, könnte damit direkt und überall begonnen werden. Aber daran sollten nicht zu viele mitwirken, denn sonst würde der drohende Kollaps schließlich noch verhindert. Und das wäre sicher viel zu radikal.

Anmerkungen

Katja Gentinetta: Wachstum heißt Entwicklung

1. Hannah Arendt (2000): *Elemente und Ursprünge totaler Herrschaft. Antisemitismus, Imperialismus, totale Herrschaft.* München: Piper, S. 964.
2. Donella H. und Dennis L. Meadows, Jørgen Randers, William W. Behrens (1972): *Die Grenzen des Wachstums.* Stuttgart: DVA.
3. Adam Smith ([12]2009): *Der Wohlstand der Nationen.* München: dtv, S. 334 [110].
4. Hans Rosling mit Ola Rosling und Anna Rosling Rönnlund (2018): *Factfulness – wie wir lernen, die Welt so zu sehen, wie sie wirklich ist.* Berlin: Ullstein.
5. Philipp Aghion, Céline Antonin, Simon Bunuel (2021): *The Power of Creative Destruction; Economic Upheaval and the Wealth of Nations.* Cambridge, Mass.: The Belknap Press of Harvard University Press.
6. Bruno S. Frey (2017): *Wirtschaftswissenschaftliche Glücksforschung: Kompakt – verständlich – anwendungsorientiert.* Wiesbaden: Springer Gabler.
7. Mathias Binswanger (2021): *Der Wachstumszwang. Warum die Volkswirtschaft immer weiter wachsen muss, selbst wenn wir genug haben.* Weinheim: Wiley-VCH.
8. Peter Koslowski (2009): *Ethik der Banken. Folgerungen aus der Finanzkrise.* München: Wilhelm Fink Verlag.
9. Werner Plumpe (2021): Es geht nicht um Moral, sondern um Bedürfnisbefriedigung. In: *Brand Eins* 09/2021, Schwerpunkt: »Kapitalismus«.
10. Alexander Fink, Fabian Kurz, Alexander Mengden (2019): *Dysfunktionalität des grünen Sozialismus: Das Umweltdesaster in der DDR.* Liberales Institut, Zürich.
11. Michael Braungart, William McDonough (2003): *Einfach intelligent produzieren. Cradle to Cradle: Die Natur zeigt, wie wir die Dinge besser machen können.* Berlin: Berliner Taschenbuch Verlag.
12. Aghion et al. (2021), S. 175 ff.
13. Karl Pribram (1998): *Geschichte des ökonomischen Denkens.* 2 Bde. Frankfurt/Main: Suhrkamp, Bd. 1, Fünfter Teil.

14. Karl Marx (1968 [1867]): *Das Kapital.* Berlin: Dietz (Marx-Engels-Werke, Bd. 23), Bd. 1, S. 183.
15. Joseph Schumpeter ([9]1997): *Theorie der wirtschaftlichen Entwicklung: Eine Untersuchung über Unternehmensgewinn, Kapital, Kredit, Zins und den Konjunkturzyklus.* Berlin: Duncker & Humblot, S. 17.
16. Paul Romer (2019): *The Deep Structure of Economic Growth* (https://paulromer.net/deep_structure_growth/; abgerufen am 5.12.2021).
17. Schumpeter ([9]1997), S. 26.
18. Max Horkheimer, Theodor W. Adorno (1988): *Dialektik der Aufklärung. Philosophische Fragmente.* Frankfurt/M.: S. Fischer.
19. John Maynard Keynes (1930): Economic possibilities for our grandchildren. In: Ders., *Collected Writings.* Bd. IX: *Essays in Persuasion.* Cambridge: Cambridge University Press, S. 321–332.
20. Carl Tillessen ([4]2021): *Konsum. Warum wir kaufen, was wir nicht brauchen.* Hamburg: HarperCollins.
21. Armin Nassehi (2021): *Theorie der überforderten Gesellschaft.* München: C.H. Beck, S. 334.
22. Nico Stehr (2007): *Die Moralisierung der Märkte: Eine Gesellschaftstheorie.* Frankfurt/M.: Suhrkamp.
23. Davos Lab: *Youth Recovery Plan; Insight Report,* August 2021, S. 9.
24. *Dashboard for a New Economy Towards a New Compass for the Post-COVID Recovery, WEF, October 2020.*
25. Abraham H. Maslow (1968): *Toward a Psychology of Being.* New York: Van Nostrand Reinhold Company Inc.; S. 25.
26. Richard G. Lipsey (2008): Wachstum, Technologie und Institutionen: Parameter der geschichtlichen Entwicklung. In: Beatrice Weder di Mauro (Hrsg.): *Chancen des Wachstums; Globale Perspektiven für den Wohlstand von morgen.* Frankfurt/New York: Campus, S. 27–54, hier S. 51.
27. ILO (2021): *World Employment and Social Outlook. Trends 2021,* S. 12.
28. Dani Rodrik (2021): *The Metamorphosis of Growth Policy* (https://www.project-syndicate.org/commentary/new-growth-policies-for-developing-countries-by-dani-rodrik-2021-10; abgerufen am 5.12.2021).
29. Eine Abwandlung der nach Simon Kuznets benannten Kurve, die dessen Hypothese zum Zusammenhang zwischen Einkommen und Ungleichheit abbildet.
30. Pauline Voss, Charlotte Eckstein, Nikolai Thelitz (2021): Wie schützen wir das Klima, wenn die Bevölkerung rasant wächst?, In: *Neue Zürcher Zeitung,* 7.10.2021 (https://www.nzz.ch/international/wachstum-und-klimaschutz-wie-kann-man-beides-vereinbaren-ld.1633402; abgerufen am 5.12.2021).

31. Joseph Stiglitz (2008): Das Entwicklungsversprechen. In: Beatrice Weder di Mauro (Hrsg.): *Chancen des Wachstums. Globale Perspektiven für den Wohlstand von morgen*. Frankfurt/New York: Campus, S. 225–246, hier S. 233.

Niko Paech: Wirtschaftswachstum als essentielle Bedrohung

1. Vgl. Alain Ehrenberg (2004): *Das erschöpfte Selbst*. Frankfurt: Campus; Manfred Folkers und Niko Paech (2020): *All you need is less*. München: oekom, S. 119 ff.
2. Nicolas Geogescu-Roegen (1971): *The Entropy Law and the Economic Process*. Cambridge, Mass.: Harvard University Press.
3. Herman Daly (1977): *Steady-State Economics*. Washington, D.C.: Island Press.
4. Giacomo D'Alisa, Federico Demaria und Giorgos Kallis (2016): *De-Growth. Handbuch für eine neue Ära*. München: oekom.
5. Serge Latouche (2006): *Le pari de la décroissance*. Paris: Fayard.
6. Maurizio Pallante (2005): *La decrescita felice. La qualità della vita non dipende dal PIL*. Rom: Edizioni per la decrescita felice.
7. Niko Paech (2008): Regionalwährungen als Bausteine einer Postwachstumsökonomie. In: *Zeitschrift für Sozialökonomie* (zfsÖ) 45 (158–159), S. 10–19; Niko Paech (2012): *Befreiung vom Überfluss*. München: oekom.
8. Vgl. William Nordhaus und James Tobin (1972): *Is Economic Growth Obsolete?* Economic Growth, Fiftieth Anniversary Colloquium, V, National Bureau of Economic Research, New York.
9. Nordhaus und Tobin (1972).
10. Herman Daly und John Cobb (1989): *For the Common Good*. Boston: Beacon Press.
11. Rofie Hueting (1974, 1980): *New scarcity and economic growth*. Amsterdam: Elsevier Science Ltd.
12. UNDP (2021): Human Development Index (HDI) (http://hdr.undp.org/en/content/human-development-index-hdi).
13. New Economics Foundation (2006): The Happy Planet Index (https://happyplanetindex.org/).
14. Hans Diefenbacher und Roland Zieschank (2011): *Woran sich Wohlstand wirklich messen lässt. Alternativen zum Bruttoinlandsprodukt*. München: oekom.
15. Denkwerk Zukunft (2011): Wohlstandsquintett (http://www.denkwerkzukunft.de/downloads/ Wohlstandsquintett2011.pdf).

16. Joseph E. Stiglitz, Amartya Sen und Jean-Paul Fitoussi (2009): *Report by the Commission on the Measurement of Economic Performance and Social Progress* (https://ec.europa.eu/eurostat/documents/8131721/8131772/Stiglitz-Sen-Fitoussi-Commission-report.pdf).
17. Kinley Dorji (2008): *Policy of Happiness*. Himal Southasian (https://www.himalmag.com/policy-of-happiness/).
18. Schlussbericht der Enquete-Kommission »Wachstum, Wohlstand, Lebensqualität – Wege zu nachhaltigem Wirtschaften und gesellschaftlichem Fortschritt in der Sozialen Marktwirtschaft« (https://www.bpb.de/shop/buecher/schriftenreihe/175745/schlussbericht-der-enquete-kommission/).
19. Alberto Acosta (2015): *Buen Vivir. Vom Recht auf ein gutes Leben*. München: oekom.
20. Vgl. Robert Skidelsky und Edward Skidelsky (2014): *Wie viel ist genug? Vom Wachstumswahn zu einer Ökonomie des guten Lebens*. München: Goldmann, S. 204 ff.
21. Amartya Sen (2000): *Ökonomie für den Menschen. Wege zu Gerechtigkeit und Solidarität in der Marktwirtschaft*. München: dtv.
22. Sen (2000), S. 52.
23. Sen (2000).
24. Martha C. Nussbaum (2010): *Die Grenzen der Gerechtigkeit. Behinderung, Nationalität und Spezieszugehörigkeit*. Berlin: Suhrkamp.
25. Vgl. https://sdgs.un.org/#goal_section
26. Nordhaus und Tobin (1972), S. 525: »The mistake of the antigrowth men is to blame economic growth per se for the misdirection of economic growth.«
27. Peter Groß (1993): *Die Multioptionsgesellschaft*. Frankfurt: Suhrkamp; Gerhard Schulze (2003): *Die beste aller Welten*. München/Wien: Carl Hanser Verlag.
28. Erich Fromm (1976): *Haben oder Sein*. Stuttgart: Deutsche Verlagsanstalt, S. 166; Erhard Eppler (1981): *Wege aus der Gefahr*. Reinbek: Rowohlt, S. 147.
29. Rene L. Frey (1979): *Wachstumspolitik*. Stuttgart: Gustav Fischer Verlag, S. 31 ff.
30. David William Pearce, Anil Markandya und Edward Barbier (1989): *Blueprint for a Green Economy*. London: Earthscan.
31. Thomas L. Friedman (2007): A Warning From The Garden. In: *The New York Times*, 19.1.2007 (https://www.nytimes.com/2007/01/19/opinion/19friedman.html).
32. Vgl. Robert H. Frank und Philip J. Cook (1995): *The Winner-Take-All Society*. New York: Penguin.

33. Einige dieser Begriffe werden im vorliegenden Essay weitgehend synonym behandelt.
34. Nicht auszuschließen ist eine Renaissance der Atomenergie, basierend auf neuen, angeblich sicheren Reaktortypen, die ein fünftes Paradigma darstellen könnte.
35. Vgl. Philipp Sarasin (2021): *1977. Eine kurze Geschichte der Gegenwart.* Berlin: Suhrkamp.
36. Vgl. Andreas Reckwitz (2017): *Die Gesellschaft der Singularitäten.* Berlin: Suhrkamp.
37. Ralf Fücks (2013): *Intelligent wachsen. Die grüne Revolution.* München: Hanser.
38. Juliet B. Schor (2010): *Plenitude. The New Economics of True Wealth.* New York: Penguin, S. 27.
39. Mathias Binswanger (2010): *Sinnlose Wettbewerbe. Warum wir immer mehr Unsinn produzieren.* Freiburg: Herder.
40. Marianne Gronemeyer (1988): *Die Macht der Bedürfnisse.* Reinbek: Rowohlt, S. 26.
41. Vgl. Holm Friebe (2010): *Die Steinstrategie. Von der Kunst nicht zu handeln.* München: Hanser, S. 162 ff.
42. Arthur C. Pigou (1920): *The Economics of Welfare.* London: Macmillan.
43. Zwar fließen in das BIP auch nicht monetär abgegoltene Leistungen ein, die aber kaum von Bedeutung sind.
44. Vgl. Paech (2012), S. 81 ff.
45. Etwa 497 Milliarden Euro, vgl. https://www.bmwi.de/Redaktion/DE/Parlamentarische-Anfragen/2020/09/19-21967.pdf?__blob=publicationFile& v=6
46. DIW (2020): Wärmemonitor 2019: Klimaziele bei Wohngebäuden trotz sinkender CO_2-Emissionen derzeit außer Reichweite. DIW-Wochenbericht 20 (https://www.diw.de/documents/publikationen/73/diw_01.c.799881. de/20-40.pdf).
47. Vgl. Naveed Akhtar, Beate Geyer, Burkhardt Rockel, Philipp S. Sommer und Corinna Schrum (2021): Accelerating deployment of offshore wind energy alter wind climate and reduce future power generation potentials. *Scientific Reports* 11, 11826 (https://doi.org/10.1038/s41598-021-91283-3).
48. Vgl. Lee M. Miller und David W. Keith (2018): Climatic Impacts of Wind Power, In: *Joule* 2/12, S. 2618–2632 (https://www.cell.com/joule/fulltext/S2542-4351(18)30446-X?_returnURL=https%3A%2F%2Flinkinghub.elsevier.com%2Fretrieve%2Fpii%2FS254243511830446X%3Fshowall%3Dtrue); Lee M. Miller, Nathaniel A. Brunsellb, David B. Mechemb, Fabian Gans, Andrew J. Monaghan, Robert Vautard, David W. Keith und Axel Kleidon (2015): Two methods for estimating limits to large-scale

wind power generation. In: *PNAS*, 112/36, S. 11169–11174 (https://www.pnas.org/content/112/36/11169); Lee M. Miller, Fabian Gans und Axel Kleidon (2011): Estimating maximum global land surface wind power extractability and associated climatic consequences. In: *Earth Syst. Dynam* 2, S. 1–12 (https://esd.copernicus.org/articles/2/1/2011/esd-2-1-2011.pdf); Alona Armstrong, Ralph R. Burton, Susan E. Lee, Stephen Mobbs, Nicholas Ostle, Victoria Smith, Susan Waldron und Jeanette Whitaker (2016): Ground-level climate at a peatland wind farm in Scotland is affected by wind turbine operation. In: *Environmental Research Letters*, 11/4, S. 1–9 (https://iopscience.iop.org/article/10.1088/1748-9326/11/4/044024/pdf).

49. Vgl. https://www.tagesschau.de/ausland/europa/finnland-gruene-atomenergie-101.html
50. Vgl. https://www.greensfornuclear.energy/
51. Vgl. https://www.riffreporter.de/de/umwelt/nabu-gruene-streit-um-windenergie
52. Vgl. https://www.welt.de/politik/deutschland/article235568558/Habecks-Ministerium-will-auf-Entschaerfung-von-EU-Naturschutzrichtlinien-hinwirken.html
53. Vgl. https://www.bmbf.de/bmbf/shareddocs/kurzmeldungen/de/woher-soll-der-gruene-wasserstoff-kommen.html
54. Vgl. https://www.umweltbundesamt.de/service/uba-fragen/wie-hoch-sind-die-treibhausgasemissionen-pro-person
55. Vgl. Techniker Krankenkasse (2010): *Gesundheitsreport 2010 – Gesundheitliche Veränderungen bei Berufstätigen und Arbeitslosen von 2000 bis 2009*. Lübeck.
56. Vgl. Sylvain Charron und Etienne Koechlin (2010): Divided Representation of Concurrent Goals in the Human Frontal Lobes. In: *Science* 328 (5976), S. 360–363.
57. Holm Friebe und Thomas Ramge (2008): *Marke Eigenbau. Der Aufstand der Massen gegen die Massenproduktion*. Frankfurt: Campus.
58. Vgl. Rachel Botsman und Roo Rogers (2010). *What's Mine is Yours: How Collaborative Consumption is Changing the Way We Live*. London: Collins.
59. Vgl. Katharina Dutz, Manuel Nagel und Niko Paech (2020): Obsolescence, Useful Life Extension and New Educational Concepts: The Economy Needs Repair! In: Sepp Eisenriegler (Hrsg.): *The Circular Economy in the European Union. An Interim Review*. Cham: Springer-Verlag, S. 157–185.
60. Alvin Toffler (1980): *The Third Wave*. New York: Bantam.
61. Julian Nida-Rümelin (2014): *Der Akademisierungswahn*. Hamburg: Ed. Körber-Stiftung.

62. David Graeber (2019): *Bullshit-Jobs. Vom wahren Sinn der Arbeit.* Stuttgart: Klett-Cotta.
63. Vgl. Niko Paech, Marius Rommel, Irene Antoni-Komar und Dirk Posse (2020): Das Wirtschaftsprinzip der kleinen Einheiten – Resilienz durch gemeinschaftsgetragene Versorgungsstrukturen am Beispiel Solidarischer Landwirtschaftsbetriebe. In: *Haushalt in Bildung & Forschung* (HiBiFo) 4, S. 47–63.
64. Ernst Friedrich Schumacher (1973/2013): *Small is beautiful.* München: oekom.
65. Vgl. Thomas C. Schelling (1978): *Micromotives and Macrobehavior.* New York: Norton.

ISBN: 978-3-86489-351-3
Seitenzahl: 112

**Digitalisierte Gesundheit –
Fluch oder Segen?**

Die Digitalisierung im Gesundheitswesen, zuvorderst die neu eingeführte elektronische Patientenakte, verspricht viele Vorteile: Allergien, Vorerkrankungen, Medikationen und andere wichtige Informationen sollen im Notfall sofort einsehbar sein. Aber wie steht es um die Sicherheit der zentral gespeicherten Gesundheitsdaten?
Während Franz Bartmann von der Notwendigkeit dieser Entwicklung überzeugt ist, da eine solche Datensammlung die Versorgung von Patienten verbessern und viele Menschenleben retten könnte, mahnt Andreas Meißner die dramatischen Folgen an: So könnte sie auf Versicherungstarife oder gar die Chance auf einen Arbeitsplatz gravierenden Einfluss nehmen. Sollte eine Zukunft, in der Telemedizin und Algorithmen die Behandlung und das Gespräch zwischen Arzt und Patient ersetzen, als Verlust oder Fortschritt verstanden werden?

ISBN: 978-3-86489-349-0
Seitenzahl: 96

Identitätspolitik –
Gerechtigkeit oder Spaltung?

Ob die Betonung einer bestimmten Identität der richtige Weg ist, um marginalisierten Gruppen zu gleichberechtigter Wahrnehmung zu verhelfen oder dies im Gegenteil gerade zu einer noch stärkeren Ungleichheit führen muss, ist eine der zentralen Fragen unserer Zeit. Während Paula-Irene Villa Braslavsky dafür plädiert, benachteiligten Identitätsgruppen die eingeforderte Anerkennung zukommen zu lassen, indem sie im politischen Raum sichtbar und hörbar werden, und so erst die Grundlage für eine gerechte Gesellschaft zu schaffen, sieht Bernd Stegemann die Gefahr einer immer stärker werdenden Feindschaft dieser Gruppen innerhalb unserer Gesellschaft: So plädiert er für einen dringend notwendigen neuen Universalismus, um die Gesellschaft wieder an das Einigende zu erinnern, anstatt die Differenzen noch weiter zu verstärken.

ISBN: 978-3-86489-352-0
Seitenzahl: 112

Organspende –
eine moralische Pflicht?

In Deutschland stehen derzeit rund 9.100 Menschen auf der Warteliste für ein Spenderorgan. Dem gegenüber stehen 933 Organspenden im Jahr 2021. Muss es anhand dieses Missverhältnisses nicht als Pflicht empfunden werden, die eigenen Organe zur Spende freizugeben? Gleichzeitig stellt sich die Frage, ob der Moment, in dem die Organe entnommen werden müssen, tatsächlich mit dem Ende des Lebens zusammenfällt.
Während Dieter Birnbacher davon überzeugt ist, dass das Kriterium des Hirntodes uns nicht nur dazu verhilft, sondern gar auffordern sollte, der moralischen Pflicht der Lebensrettung nachzukommen, hat Alexandra Manzei Gorsky entschiedene Zweifel: Birgt diese Technik nicht die große Gefahr, Leben vorschnell für beendet zu erklären, und ist die Ziehung der Grenze zwischen Leben und Tod nicht allzu willkürlich?

ISBN: 978-3-86489-386-5
Seitenzahl: 96

Transhumanismus –
Optimierung oder Ende des Menschen?

Der Transhumanismus verfolgt das Ziel, die Grenzen der menschlichen Natur zu überschreiten – körperlich wie geistig. Durch den Einsatz verschiedener Technologien sollen die Leistungsfähigkeit erhöht, verlorene Fähigkeiten ersetzt oder gar neue erfunden werden. Aber ist diese Erweiterung des Menschen tatsächlich eine Verbesserung oder nicht viel eher eine Abkehr vom gerade Menschlichen und so Hinwendung zur Maschine? Während Stefan Lorenz Sorgner davon überzeugt ist, dass in dieser Überschreitung die Chance einer besseren Welt und eines optimierten Lebens liegt, warnt Ulrike Guérot vor den Gefahren eines technologiegetriebenen Transhumanismus als letztem großem Traum eines sinnentleerten, autoritären Kapitalismus, der Überwachung und Entmenschlichung auf die Spitze treibt.